社会主义核心价值观的
文化阐释

Cultural Interpretation of the Core Values of Socialist

曹威威◎著

社会科学文献出版社
SOCIAL SCIENCES ACADEMIC PRESS (CHINA)

本书是 2020 年度教育部人文社会科学研究项目
"文化安全视域下社会主义核心价值观对外传播研究"
（项目编号：20YJC710002）成果

序

国家之魂，文以化之，文以铸之。当今时代，面对世界范围内各种思想文化交流交融交锋日趋频繁、社会成员价值观念多元多样多变的现实境遇，社会主义核心价值观作为当代中国社会发展的精神产品，会不可避免地与各国主流价值文化及社会思潮进行多向博弈。社会主义核心价值观形成的政治属性、内涵的价值属性和传播的文化属性决定了它既反映现阶段中国人民价值认同的"最大公约数"，同时也是文化强国的关键所在。站在"两个一百年"的历史交汇期，在历史与现实、民族与世界、理论与实践的相互关联中审视社会主义核心价值观，我们不难发现一个事实：民族文化与世界文化交互发展的过程就是在不同文明的碰撞交流中不断达成价值共识的过程，一方面需要民族文化经过本土建构，发展为较为成熟的文化模式与价值主张，充分体现民族特色，另一方面需要在本土建构的基础上进行跨文化传播，遭遇文明交流、文化冲突进而丰富与提升自身的价值内核，以走向世界舞台。通过建构与传播的文化逻辑所具有的必然性深入研究社会主义核心价值观这一重大理论与现实命题，显得愈发重要且紧迫。显然，社会主义核心价值观"走出去"的道路不会一帆风顺，充分展示"中国视角"、传播好"中国声音"，进而增强社会主义核心价值观的国际话语权和影响力，必须在理论研究层面进行确切、系统的回答。曹威威的《社会主义核心价值观的文化阐释》正是回应上述时代命题的一部力作。

文化本身就是一个庞大的命题，价值观的研究亦具有系统性特征。探究社会主义核心价值观的文化逻辑，势必要透过文化的现象来把握理论根源与实践规律。这就要求以正确的立场和科学的方法深入系统地辨析这一时代课题。该书紧紧围绕"建构—传播"的文化逻辑主线，从"为什么建构与传播""何以建构""如何传播"的关系链条展开辨析，是对社会主义核心价值观研究范式的新探索。值得关注的是，书中提出了一些颇具创见性的学术观点，对社会主义核心价值观的文化建构进行了结构性、系统性分析，并通过对建构主体、建构模式和建构机制的全面论述揭示了本土建构的一般规律，是对培育与践行社会主义核心价值观研究的进一步深化。颇具价值的是，作者从文化博弈的角度把握跨文化传播的前提，以"历史向世界历史转变"等马克思主义立场观点和方法确证了社会主义核心价值观的"传播"主线，并从实践层面进行策略分析，将研究落脚于建构以"价值超越—内容体系""多元并进—传播体系""文化转型—支撑体系"为主体的社会主义核心价值观跨文化传播运行模式，对于推进文化强国建设、提升国家文化软实力的战略任务具有重要启发意义。书中的诸多思路与观点都是在社会主义核心价值观文化逻辑的基本规律中不断挖掘所进行的系统性思考，富有建设性且具有一定的战略价值。难能可贵的是，除了思想政治教育的理论体系，研究还涉及政治学、哲学、传播学等多个学科，作者以扎实的研究功底叩问和回应了文化建构模式以及跨文化传播运行体系的基本元素、影响因素、运行规律等问题，为社会主义核心价值观的研究提供了更多可能的思路与方法。

通览全书，我看到一位青年学者勇于尝试的科研志趣和扎实的研究功底。作为他的博士后合作导师，我见证了这些年来他从稚嫩到逐渐成熟的过程。该研究具有一定的创新意蕴，同时对研究者的学术水平有很高的要求。把如此宏大的选题做好不易，需要扎实的马克思主义理论功底和多学科知识积淀。作者投入了大量精力研读相关论著，花费近三年拜访名师、数易其稿，最终成书。希望这本著作能够引起学界的关注与讨论，也期待作者未来围绕这一命题产出更加丰硕的成果。

是为序。

高地

2022 年 2 月于长春

目　录

绪　论

习近平总书记在中共中央政治局第三十次集体学习时强调："构建具有鲜明中国特色的战略传播体系，着力提高国际传播影响力、中华文化感召力、中国形象亲和力、中国话语说服力、国际舆论引导力。"[①] 国际传播的核心是文化的传播，文化传播逻辑的核心是价值逻辑。社会主义核心价值观作为当今中国社会发展的精神产品，不可避免地与各国主流价值文化和社会思潮进行交流交融，跨文化传播成为社会主义核心价值观代表中国价值文化出场的必然路径。文化是民族的血脉，是人民的精神家园。文化兴国运兴，文化强民族强。价值观是文化的内核，体现着一个社会、民族与国家的文化主张。所谓价值观是人们关于价值的根本看法，是关于生活中基本价值的信念、信仰、理想的观念系统，它以价值关系为对象和内容，以信念、信仰和理想为基本观念形式，是关于社会存在和社会生活实践的精神反映和观念表达。价值观是人们进行价值判断和价值选择的思想根据，是人们心目中的"天平"和"尺子"，作为主体的价值评价标准体系而存在。就形式而言，价值观与知识不同，具有明显的意向性；就内容而言，价值观集中反映主体的利益、地位和需要以及主体实现自身利益与需要的能力、活动方式等，是以"信什么、要什么、坚持追求和实现什么"的方式表现的精神目标系统，具有鲜明的主体性；就功能而言，价值观起着评价标准的作用，并对人们的价值选择和价值追求具有支配作用。任何一个社会体系都有反映其价值体系的核心观念。党的十八大提出：

---

① 《加强和改进国际传播工作 展示真实立体全面的中国》，《人民日报》2021 年 6 月 2 日，第 1 版。

1

"倡导富强、民主、文明、和谐,倡导自由、平等、公正、法治,倡导爱国、敬业、诚信、友善。"① 由此明确了社会主义核心价值观的基本内容。社会主义核心价值观反映了现阶段中国人民价值认同的"最大公约数",它基于中国优秀传统文化,凝练概括了国家的价值目标、社会的价值取向和公民的价值准则,是立足中华文明并体现当代中国社会发展的精神文化产品。综上,社会主义核心价值观的生成与发展必然经历本土建构与跨文化传播的双重路径,这是合规律性的文化逻辑。

一 研究背景及意义

国家之魂,文以化之,文以铸之。当今时代,面对世界范围内各种思想文化交流交融交锋日趋频繁,社会成员价值观念多元多样多变的现实境遇,社会主义核心价值观作为中国社会发展的文化内核,代表着民族之精神、国民之形象,不可避免地与各国主流价值观念进行多向博弈。社会主义核心价值观生成的政治属性、内涵的价值属性和传播的文化属性决定了它反映了现阶段中国人民价值认同的"最大公约数",同时在当今世界局势变化动荡与"两个一百年"的历史交汇期,无疑也成为资本主义与社会主义意识形态发生冲突的关键领域。探寻文化发展的一般规律后不难发现,民族文化与世界文化的交互发展是在文明碰撞交流中不断达成价值共识的过程,一方面需要民族文化经过本土建构发展为较为成熟的文化模式与价值主张,充分体现民族性特色,另一方面需要在本土建构的基础上进行跨文化传播,遭遇文明交流、文化冲突进而丰富与提升自身的价值内核以走向世界舞台。如何在文化交流交融的进程中保持自身民族文化的价值品质,在复杂的国际环境和多元的社会思潮中坚定价值信仰,凝聚中国发展的价值共识,增强中华民族的价值观自信,是当今国家面临且必须解决的"走出去"和"引进来"的两难问题。研究此背景下社会主义核心价值观的文化逻辑,是当前意识形态工作亟待破解的重大理论与现实问题。

---

① 《十八大以来重要文献选编》(上),中央文献出版社,2014,第25页。

（一）　新发展阶段历史方位的时代要求

"十四五"时期我国进入新发展阶段，"进入新发展阶段、贯彻新发展理念、构建新发展格局，是由我国经济社会发展的理论逻辑、历史逻辑、现实逻辑决定的"①。2020 年，我国国内生产总值首次突破 100 万亿元，是 2000 年经济体量的 10 倍，稳居世界第二；人均国内生产总值超过 1 万美元，稳居中等偏上收入国家行列。可以说，当前，我国经济实力、科技实力、综合国力跃上一个新的台阶，对于开启全面建设社会主义现代化国家新征程，具有十分重要的标志性意义。实践证明，我们已经具备了开启新征程、实现新的更高目标的坚实基础，迎来了从站起来、富起来到强起来历史性跨越的新阶段。与经济社会发展相适应的应该是文化的繁荣与发展。文化兴国运兴，文化强民族强。在新发展阶段，文化应朝着什么样的发展方向行进，是摆在中国与世界面前的一个重大问题。回望世界文化的历史发展脉络可以发现，价值观无一不是作为文化的内核在文明的交流碰撞中成为意识形态斗争的主战场。尤其是随着全球化的不断推进，价值内核决定了文化的优势存在与否，直接关系着民族文化的生存境遇，文化安全成为世界各国发展进程中不可回避的关键问题。强起来的中国同样如此，在新发展阶段，我国依然是世界第二大经济体，处于社会主义初级阶段的基本国情依然没有改变，我们一方面需要在强起来的过程中走好文化强国之路，不断做好价值文化的本土建构，提升文化软实力，另一方面要时刻对走向世界舞台中心的过程中遭遇的文明交流与文化冲突保持警醒，主动走出一条文化传播的新路。因此，建构与传播的文化逻辑是我国进入新发展阶段的必然趋向。

（二）　理论研究进一步拓展的论域趋向

2012 年党的十八大报告首次提出"倡导富强、民主、文明、和谐，

---

① 习近平：《论把握新发展阶段、贯彻新发展理念、构建新发展格局》，中央文献出版社，2021，第 486～487 页。

倡导自由、平等、公正、法治，倡导爱国、敬业、诚信、友善"的社会主义核心价值观，自此社会主义核心价值观的相关研究便受到学界的普遍关注。近年来，学界在培育和践行社会主义核心价值观方面取得的成果可圈可点。然而，这不能掩盖一个事实：与社会主义核心价值观本土建构"热讨论"形成鲜明对比的是，关于其跨文化传播的研究一直是受遮蔽的、隐晦的，甚至是被忽视的。尽管也有学者以"建设文化强国"或"理论走出去"等宏观视角触及社会主义核心价值观的跨文化传播研究，但还远远没有切中此问题的实质，更谈不上从理论与实践等多重角度解决跨文化传播的难题。众所周知，世界文化强国与核心价值观的跨文化传播是相辅相成、互为条件的，社会主义核心价值观跨文化传播是中国走好文化强国之路的必然命题。正因为如此，习近平总书记强调："要精心做好对外宣传工作，创新对外宣传方式，着力打造融通中外的新概念新范畴新表述，讲好中国故事，传播好中国声音。"① 但是，当我们真正把社会主义核心价值观跨文化传播置于全球化进程中时就不得不考虑，全球化趋势意味着不同国家和民族的文化在全球范围内相互作用、相互影响，并通过"这种全球互动性和高度相关性"，使各文化要素（语言、文字、文学、艺术、思想理论、价值观念、生活方式等）在世界范围内传播、交流与碰撞。从影响结果看，全球化可能引发文化间的冲突，也会促进文化间的交流与融合，并在此作用下达到文化整合，甚至同化。作为意识形态本质表达和概括表达的社会主义核心价值观，在全球范围内进行交流与碰撞的同时，必须在深入的理论研究中回应以下问题：从文化的视角来看，社会主义核心价值观的本土建构与跨文化传播的本质是什么？在本土培育尚未完全成熟的现实境遇下通过跨文化传播"出场"的必要性何在？进一步讲，它"走出去"的道路是否曲折以及如何"突围"？如何展示出"中国视角"、传播好"中国声音"，进而增强社会主义核心价值观的国际话语权和影响力？只有对这些问题进行确切回答，才能为社会主义核心价值观研究提供启发性思考，从而促进其走向深入。也就是说，在文化阐释的逻辑框架之中，社会主

---

① 《习近平谈治国理政》，外文出版社，2014，第 156 页。

义核心价值观的本土建构与跨文化传播是拓宽研究论域的根本需要。

二　研究综述

本书的主题是社会主义核心价值观的文化阐释，总体来看，目前国内诸多学者结合自身学术背景与研究旨趣对该选题开展了一系列深入系统的研究。我们重点对学界关于"社会主义核心价值观的理论逻辑""社会主义核心价值观的本土建构""社会主义核心价值观的跨文化传播"等的研究情况进行归纳综述。

（一）关于社会主义核心价值观的理论逻辑研究

社会主义核心价值观研究是 40 多年来社会主义改革开放实践提出的时代课题，也是 70 多年来在中国社会主义理论、实践中生成的历史性课题，更是建党 100 多年来对社会主义本质的不断探索和与时俱进经验反映出的关键性课题。从党在领导社会主义建设过程中思考社会主义本质到党的十六届六中全会系统提出"社会主义核心价值体系"，再到党的十八大正式明确社会主义核心价值观的内涵并提出积极培育和践行社会主义核心价值观的要求，直至印发《关于培育和践行社会主义核心价值观的意见》，这一历史发展的序列性和递进性，使培育和践行社会主义核心价值观既呈现为在历史发展脉络中生成的理论命题，又体现出契合时代特征的新理念，更彰显了理论与实践相互观照的生成路径，反映了中国共产党从将社会主义核心价值观当作一个思想问题、社会问题、制度问题的理论规定，到逐渐强调其在社会实践中的有效性和可操作性的转变。综观学界对价值观的研究不难发现，在通过反复实践来满足自身需要的价值活动中，人们对各种事物的好坏、是非、善恶等观念也必然会在思想意识中逐渐沉淀下来，其中最核心、最稳定和最根本的内容，就形成了价值观[①]。当前，我们既需要根据理论发展轨迹来把握培育和践行社会主义核心价值观的方式，也需要梳理反思当前理论界研究该命题的核心、焦点和薄弱点，为研

---

① 　罗国杰：《马克思主义价值观研究》，人民出版社，2013，第 30~31 页。

究奠定学理基础并确定进一步探讨的空间。

1. 历史生成过程中社会主义核心价值观的思想轨迹

社会主义核心价值观的本土建构就是对"培育和践行"的理论命题进行破解，在于如何将社会主义核心价值观转化为人民群众的理想信念，在价值认同的基础上达到理论自觉和实践自觉，呈现为一种历史发展的脉络。许多学者也在历史生成的过程中把握社会主义核心价值观的思想轨迹。其中，《中国特色社会主义核心价值观的历史形成》①、《中国共产党价值观的发展历程》②、《中国共产党积极培育和践行社会主义核心价值观的发展历程》③，以及万俊人为《社会主义核心价值观论纲》④ 所作序言较为典型。其指出社会主义核心价值观是以过程式思维来看待这一问题的不断凝练，是在中国共产党领导中国人民进行社会主义革命、建设和改革的伟大实践中逐步提出的，是随着不同历史时期对社会主义本质和社会主义核心价值的理论探索及实践努力逐步展开的，是从以经济建设为中心、以人为本的发展理念和思维方式转变中逐步形成的。在这一过程中，经历了以树立榜样和典型进行价值观教育、以确立"四有"新人的目标展开价值观教育、以精神文明建设和文化建设为重心推动价值观教育和以公民道德基本规范的践行强化价值观教育，在特定的历史时期取得了实效，积累了经验，在理论上形成了对社会主义核心价值观从模糊到清晰的认知路径，在实践中探索出各种培育和践行的方式，为深化研究奠定了理论和实践基础。

2. 社会主义核心价值观的基础理论研究

从问题层面展开，培育和践行社会主义核心价值观的前提是廓清社会主义核心价值观的理论内涵。20 世纪 90 年代一些学者形成了从价值学维度研究社会主义的新视角，可以看作对培育和践行社会主义核心价

---

① 程伟礼、杨晓伟：《中国特色社会主义核心价值观的历史形成》，复旦大学出版社，2012，第 3~5 页。
② 段妍、杨晓慧：《中国共产党价值观的发展历程》，《学术交流》2013 年第 12 期。
③ 戴木才：《中国共产党积极培育和践行社会主义核心价值观的发展历程》，《桂海论丛》2013 年第 5 期。
④ 田海舰、邹卫：《社会主义核心价值观论纲》，人民出版社，2010，第 1~18 页。

值观的理论肇始。党的十六届六中全会后，这一理论问题才得以真正展开。此次全会系统地提出了"社会主义核心价值体系"，理论界围绕社会主义核心价值体系提出了凝练社会主义核心价值观的要求，形成了理论探讨的热潮。诸多学者围绕社会主义核心价值观的发展历史、理论内涵、基本特征、基本原则等，初步形成了社会主义核心价值观的概念群和理论群。党的十八大以后对社会主义核心价值观的理论研究进入了理解和认同阶段。这一阶段的理论研究在明确培育和践行社会主义核心价值观的现实语境、历史传统与渊源的基础上，对党的十八大提出的培育和践行社会主义核心价值观展开了细致的分析，主要形成了以下两种思路。

一是对社会主义核心价值观的理论内涵和逻辑展开研究。在内涵方面，重在"三个倡导"区别的分析。有学者从理论层级的角度将其理解为社会主义发展目标设定、基本属性呈现、道德准则规定；[①] 或从社会分层的角度将其理解为社会发展层次、公民权利层次和伦理规范层次；[②] 或从价值层级的角度将其理解为中国特色社会主义的基本价值追求、中国特色社会主义的总体价值趋向和整体目标要求、社会主义国家全体公民的基本价值追求和道德准则要求；[③] 或指出自觉性是培育社会主义核心价值观的根本点；[④] 或从"四个全面"论域中强调，培育和践行社会主义核心价值观是全面建成小康社会的内在要求、全面深化改革的题中应有之义、全面依法治国的必然要求、全面从严治党的思想保障。[⑤] 在逻辑展开方面，重在"三个倡导"之间内在关联的分析。首先是"统一说"，即提出"三个维度"的内在一致性，多数学者持此观点；其次是"因果说"，即有了公民素质之"因"，才会有国家素质之"果"，有了国家素质之"因"，才会

①　吴潜涛：《党的十八大报告理论亮点解析》，《学校党建与思想教育》2013 年第 4 期。
②　刘书林：《培育社会主义核心价值观的基本原则》，《思想理论教育》2013 年第 3 期。
③　韩振峰：《社会主义核心价值观的基本内涵与重大意义》，《思想政治工作研究》2012 年第 12 期。
④　侯惠勤：《理想信念的坚定与哲学话语权》，《南京政治学院学报》2015 年第 1 期。
⑤　吴潜涛、张新桥：《"四个全面"论域下培育和践行社会主义核心价值观新思考》，《社会科学战线》2015 年第 6 期。

有价值理想之"果"。这种说法不仅仅将"三个倡导"置于三个维度,更将其放在因果链条当中审视其内在关联。① 有学者以关系视角把握社会主义核心价值观的本质定位,主要从与中华优秀传统文化的关系,与积极借鉴外国文化成果积极成分的关系,与马克思主义、科学社会主义的关系,与社会主义核心价值体系的关系,与社会主义三大主旋律的关系等层面探讨社会主义核心价值观的本质。② 有学者认为,必须着眼于人类历史发展的前进方向,反映社会发展的要求,站在价值观竞争的制高点上,掌握文化竞争的主动权。③ 有学者提出,弘扬人的主体价值和实现人的全面发展是社会主义核心价值观的核心价值取向④。还有学者从人民性、民族性、时代性三个维度分析社会主义核心价值观内在的特殊规定性,揭示了社会主义核心价值观的"特殊逻辑"。⑤

二是进一步凝练社会主义核心价值观的要求。一些理论研究者认为应该致力于形成更加成熟完备的社会主义核心价值观。⑥ 在这一问题上,研究者自身所呈现的开放性和活跃性也是突出的,如将其凝练为人本、公正、和谐⑦或民主、公正、共富、和谐。⑧ 有学者提出要从社会主义核心价值观的一般与特殊、客观存在与主观反映、"制度建构"作用与"公民行为规范"作用区分社会主义核心价值观的内涵;⑨ 有学者提出不仅要在构建社会主义核心价值体系的基础上凝练出社会主义核心价值观,还要在

---

① 彭京宜:《漫谈社会主义核心价值观——兼谈海南鹦哥岭大学生的精神内涵》,《海南日报》2013年1月22日。
② 刘书林:《论社会主义核心价值观的几个重要关系》,《思想理论教育导刊》2014年第9期。
③ 韩震:《从历史走向未来:如何理解中国价值观》,《当代中国价值观研究》2016年第1期。
④ 包心鉴、吴俊:《弘扬人的主体价值和实现人的全面发展是社会主义核心价值观的核心价值取向——访济南大学政法学院包心鉴教授》,《社会主义核心价值观研究》2017年第1期。
⑤ 袁银传、白云华:《论社会主义核心价值观的内在规定、基本特征和功能定位》,《社会主义核心价值观研究》2020年第1期。
⑥ 沈壮海:《社会主义核心价值体系践行之思》,《学校党建与思想教育》2014年第9期。
⑦ 吴向东:《社会主义核心价值观的表述与逻辑:一种可能的思路》,《哲学研究》2013年第1期。
⑧ 张耀灿:《关于社会主义核心价值观凝练问题的思考》,《重庆工商大学学报》(社会科学版)2013年第3期。
⑨ 刘建军:《"社会主义核心价值观"的三种区分》,《思想理论教育导刊》2015年第2期。

此基础上凝练出社会主义的核心价值。① 也有学者从层次划分和理念提升的角度进一步将其凝练为自由、平等、民主、仁爱②或自由、民主、幸福、仁爱③八个字的价值观，还有学者认为可以将其表述为自由人权、民主法治、公平正义、诚信兼爱四个语言单位。④ 此外，有学者围绕进一步凝练问题研究，提出社会主义核心价值观的基本内容需要在培育和践行的过程中不断总结、持续优化，同时要深化研究社会主义核心价值观与共产主义核心价值观、"全人类的共同价值"、资本主义核心价值观以及"非科学"社会主义价值观的关系。⑤

　　综上所述，社会主义核心价值观研究已经取得实质性进展，所涉及的领域也涵盖了从理论探索到实践运行的诸多方面，体现出丰富性和广泛性特点，为进一步研究奠定了思想理论基础。在社会主义核心价值理论研究成果的引导下，已有学者对社会主义核心价值观的本土培育建构与跨文化传播进行了多方面探索，对本土培育的多维度研究也已较成体系，但是研究成果的均衡性明显不够，关于跨文化传播的研究成果依然较少。

（二）关于社会主义核心价值观的本土建构研究

　　学者们主要基于理论上形成的从模糊到清晰的认知路径，从实践中探索出各种培育和践行的方式，提出要通过深度的理论开掘、丰富细致的教育引导、广泛深入的实践履行，让社会主义核心价值观充分发挥中国特色社会主义建设精神引擎的巨大作用。目前，学界重点开展了以下几个方面的研究。

---

① 骆郁廷：《论社会主义的核心价值》，《马克思主义研究》2014 年第 8 期。
② 左亚文：《社会主义核心价值观内涵的解读和深化》，《学习月刊》2013 年第 3 期。
③ 戴木才：《自由、民主、幸福、仁爱：中国特色社会主义核心价值观内涵初探——中国特色社会主义核心价值观探索之四》，《南昌航空大学学报》（社会科学版）2012 年第 1 期。
④ 虞崇胜、张建军：《社会主义核心价值观生成的一般规律、基本原则和基本要素》，《东南学术》2013 年第 1 期。
⑤ 戴木才、本刊编辑部：《培育和践行社会主义核心价值观需要深化研究的几个问题——访中宣部思想政治工作研究所副所长戴木才教授》，《社会主义核心价值观研究》2016 年第 1 期。

1. 认同与接受研究

认同与接受是培育和践行社会主义核心价值观的关键一环——既是宣传和教育的结果，又构成了信仰和践履的前提，成为培育和践行社会主义核心价值观研究的重要问题。理论研究者们从以下几个维度开展了研究。一是从引领社会思潮的角度，多集中于党的十六届六中全会后对社会主义核心价值体系引领社会思潮的理解，认为社会主义核心价值观是社会主义核心价值体系的灵魂，社会主义核心价值体系对社会思潮的引领在一定程度上体现了对社会主义核心价值观的认同和接受，这方面的研究以梅荣政、张澍军、李建华为代表。① 二是从价值认同方式的角度，认为认同和接受建立在社会主义核心价值内化于社会价值规范的基础上，以陈新汉为代表。② 三是从实证分析的角度，对社会主义核心价值体系和社会主义核心价值观接受与认同的现状、对策等进行分析，代表性学者有程恩富、赵继伦。③ 还有学者认为，社会主义核心价值观认同的科学转化，应遵循大众接受认同社会主义核心价值观的基本规律和内在机理，着眼于认知层面、情感层面、行为层面的认同过程，实现由形式认同向实质认同、理论认同向心理认同、评价认同向实践认同的转化。④

2. 方式方法研究

践行社会主义核心价值观必须正确把握"倡导"与"反对"、"扬善"与"惩恶"、"自律"与"他律"的内在关系，科学把握其内在规律性。⑤ 围绕培育和践行社会主义核心价值观，研究者们从方式方法的维度、主体、节奏等，提出了一系列观点。一是分层次、渐进式的方式方法。有学

---

① 参见梅荣政、杨瑞《历史虚无主义思潮的泛起与危害》，《思想理论教育导刊》2010 年第 1 期；张澍军《试论思想政治教育学科前沿的若干重大问题》，《马克思主义研究》2011 年第 1 期；李建华《社会主义核心价值观的提炼》，《红旗文稿》2012 年第 5 期。

② 陈新汉：《论核心价值体系》，《马克思主义研究》2008 年第 10 期。

③ 参见程恩富、郑一明《关于社会主义核心价值体系研究和践行情况的调查报告》，《民主与科学》2010 年第 2 期；王鑫、赵继伦《文化哲学视阈中企业人事管理的核心价值理念研究》，《社会科学辑刊》2012 年第 1 期。

④ 黄蓉生、石海君：《略论社会主义核心价值观培育和践行的认同转化》，《社会主义核心价值观研究》2016 年第 6 期。

⑤ 苏振芳：《践行社会主义核心价值观必须正确把握三种关系》，《社会主义核心价值观研究》2016 年第 3 期。

者主张从意识形态战略高度着力培育国家层面的社会主义核心价值观，从社会管理创新制度上着力培育社会层面的社会主义核心价值观，从公民道德建设深度上着力培育个人层面的社会主义核心价值观；① 有学者认为培育和践行社会主义核心价值观是逐步认识、逐步达成共识的过程；② 还有学者提倡社会主义核心价值观主导与多样价值追求协调新常态理念③，同时认为要着力区分协调好社会主义核心价值观的中西话语关系、古今文化的会通创新关系、普通群众与党员干部教育的目标层次关系。④ 二是引领性、示范性的方式方法。既要突出党政机关、党员干部和青少年的引领性和可塑性，又要大力挖掘先进典型和公众人物，发挥其示范带动作用；⑤要立足榜样文化的内涵、外延、特点，着重探讨如何通过建设榜样文化来构建社会主义核心价值观培育的长效机制⑥，将劳模精神融入社会主义核心价值观作为社会系统工程，从家庭、学校、社会三个层面统筹兼顾、协调推进。⑦ 三是生活化、渗透式的方式方法。应将社会主义核心价值观融入日常生活中，与日常礼仪、民俗活动相结合，达到培育和践行的目的；⑧应该落实以人为本、执政为民的价值理念，构建人民群众有尊严的幸福生活，通过公共生活的构建逐步形成生活世界的公序良俗，以社会主义核心价值体系为引领，对日常生活世界进行批判性重建。⑨ 四是普及化、融入

---

① 李建华：《友善何以成为一种核心价值观》，《伦理学研究》2013 年第 2 期。

② 王晓晖：《积极培育和践行社会主义核心价值观》，《求是》2012 年第 23 期。

③ 郑永廷：《社会主义核心价值观主导与多样价值追求协调新常态研究》，《社会主义核心价值观研究》2015 年第 1 期。

④ 杨晓慧：《关于培育和践行社会主义核心价值观的几个区分与协调》，《社会主义核心价值观研究》2015 年第 1 期。

⑤ 陈文钦：《以学习贯彻党的十八大精神为契机 努力培育社会主义核心价值观》，《南方论刊》2013 年第 1 期。

⑥ 张耀灿：《构建社会主义核心价值观养成教育长效机制的思考》，《社会主义核心价值观研究》2015 年第 1 期。

⑦ 田鹏颖、李雨珊：《劳模精神的逻辑结构及其融入社会主义核心价值观培育的理路探析》，《社会主义核心价值观研究》2019 年第 6 期。

⑧ 王学俭：《积极培育和践行社会主义核心价值观》，《甘肃日报》2012 年 11 月 21 日，第 4 版。

⑨ 邹小华、胡伯项：《构建社会主义核心价值认同的日常生活世界》，《南昌大学学报》（人文社会科学版）2013 年第 1 期。

式的方式方法。应以有效传播为载体，实现培育和践行社会主义核心价值观方式方法的创新；[①] 要从马克思主义中国化时代化大众化、广泛开展理想信念教育、大力弘扬民族精神和时代精神三个方面来具体培育和践行社会主义核心价值观。[②] 有学者注意到，我国优秀传统文化孕育的传统核心价值理念，革命、建设和改革时期形成的优良传统，当代改革创新的时代精神和人类文明发展的积极成果，是培育和践行社会主义核心价值观的重要资源[③]，要更加突出培育和践行社会主义核心价值观的实践引领，注重认识与实践的统一，提升引领者的素质与教育引导话语的影响力。[④]

3. 制度建设研究

制度建设是培育和践行社会主义核心价值观的保障。学者们分别提出了不同的制度和机制建构方式，以更好地实现社会主义核心价值理念与社会主义制度体系的深度融合。[⑤] 有学者认为应健全完善道德绩效与利益回报相统一的社会激励机制、长效宣传教育机制、公共文化服务和投入机制、法治保障机制和宣传思想工作队伍长期培养机制[⑥]，认为培育和践行社会主义核心价值观贵在坚持、重在落实，要通过法律法规和各项制度的严格实施，使符合社会主义核心价值观的行为得到激励，让违背的行为受到制约。[⑦] 有学者认为，必须秉持"良法善治"的制度建设理念，深入剖析社会主义核心价值观融入精神文明建设过程中遇到的现实困境，坚定价值观自信，使社会主义核心价值观贯穿精神文明建设的全过程、渗透到各层面并实现宽领域联动，进而增强全社会对社会主义核心价值观的认同归

---

① 沈壮海：《传播核心价值观要注重规律》，《中国监察》2013 年第 3 期。

② 周正艳：《社会主义核心价值观认同路径探究》，《湖南社会科学》2012 年第 6 期。

③ 孙兰英、于蒈：《社会主义核心价值观的思想底蕴及时代特征》，《社会主义核心价值观研究》2019 年第 3 期。

④ 邓卓明、陈波：《新时代培育和践行社会主义核心价值观的思考》，《社会主义核心价值观研究》2018 年第 6 期。

⑤ 沈壮海：《社会主义核心价值观培育和践行的着力点》，《思想政治工作研究》2012 年第 12 期。

⑥ 参见季正聚《全面把握社会主义核心价值观的特点》，《思想政治工作研究》2012 年第 12 期；田海舰、邹卫《社会主义核心价值观论纲》，人民出版社，2010，第 220 页。

⑦ 王学俭、张智：《文化强国与社会主义核心价值体系》，《理论学刊》2012 年第 8 期。

属感和自觉践行力；① 同时，培育社会主义核心价值观还需要建构以思想政治教育为核心的导引机制、以满足个体发展需要为核心的内驱机制、以实践平台为核心的外驱机制②，必须将社会主义核心价值观纳入制度建设之中，用法律来推动核心价值观建设。③

4. 评价方式研究

评价方式研究在培育和践行社会主义核心价值观研究中属于难点问题，在现有研究中尚不多见。现有研究主要有两类，一类是集中研究培育和践行社会主义核心价值观的评价标准和原则，具体可分为"两大评价标准"和"九大评估原则"。④ 另一类属于具体评价方式的研究，一是提出社会主义核心价值观的宏观标准，以感知程度为基本指标、以思维状态为过程指标、以情感态度为核心指标、以行为表现为关键指标，对培育和践行社会主义核心价值观的运行状况进行评价⑤，同时从社会主义核心价值观内涵的知晓度、情感的认同度和内化度、人的行为的稳定性和一贯性等方面建立评价体系；⑥ 二是对培育和践行社会主义核心价值观进行微观测量，通过一个建设周期或阶段的检查进行定量考核，对不同地域、不同社会阶层、不同职业和行业进行不同分类标准的调查统计得出确切的评价结果。⑦

在学校领域培育和践行社会主义核心价值观的研究成果颇丰，学者们重点聚焦了社会主义核心价值观与立德树人、人才培养、教育教学的关

---

① 杨威、罗夏君：《社会主义核心价值观融入精神文明建设制度探究》，《道德与文明》2021年第5期。

② 刘新庚、刘邦捷、黄力：《培育社会主义核心价值观的动力机制探索》，《社会主义核心价值观研究》2016年第1期。

③ 秦宣：《培育和践行社会主义核心价值观的制度保障》，《思想教育研究》2015年第2期。

④ 李建华：《多元文化时代的价值引领——社会主义核心价值体系建设与社会思潮有效引领研究》，人民出版社，2012，第376～384页。

⑤ 刘必春：《高校社会主义核心价值体系传播效果评价指标体系的构建》，《黑龙江高教研究》2012年第12期。

⑥ 代文慧：《试论社会主义核心价值观教育实效性评价体系》，《郑州大学学报》（哲学社会科学版）2019年第2期。

⑦ 李彬、吴一敏、张明：《试论社会主义核心价值体系建设效果评价的定量因素》，《经济研究导刊》2011年第14期。

系。有学者提出，社会主义核心价值观融入国民教育的全过程，必须围绕立德树人根本任务，切实把培育和弘扬社会主义核心价值观落实到教育教学和管理服务各个环节。[①] 有人认为高校要通过培养人才成为用社会主义核心价值观武装青年的重要思想阵地，要通过深化研究为社会主义核心价值观提供学理支撑，要通过引领社会成为社会主义核心价值观的宣传者，要通过传承文化把社会主义核心价值观内化于国民之心。[②] 有学者指出必须充分考虑大学人才培养的特殊性，尊重学生认知规律和学习规律，加强系统设计，避免孤立地、片面地理解和实施社会主义核心价值观教育，把社会主义核心价值观融入人才培养全过程。[③] 有学者提出要从"理论引领、舆论宣传、文化熏陶、实践养成和制度保障"五个维度将培育和践行社会主义核心价值观融入立德树人全过程。[④] 有学者指出促进社会主义核心价值观融入学校教育关键要进行机制创新，主要是创新价值理念认同机制、学校文化牵引机制、课程实践运行机制。[⑤] 有学者研究得出，社会主义核心价值观融入教育教学全过程，在创新教育载体和形式、课堂教学融入、管理服务融入等方面，存在学生需要与现实情况不适应的问题[⑥]，新媒体环境下，大学生社会主义核心价值观教育应围绕优化思想政治理论课主渠道的思想价值引领功能和构建"全员全程全方位"育人长效教育机制两个着力点，强化教育的针对性和有效性。[⑦]

社会主义核心价值观本土培育的研究成果十分丰富，呈现一定的系统性，与国内培育和践行社会主义核心价值观的社会实践活动形成了良性互动，同时也为社会主义核心价值观跨文化传播研究奠定了坚实的基础。但

---

① 吴潜涛、本刊记者：《积极培育和践行社会主义核心价值观的若干问题——访清华大学高校德育研究中心副主任吴潜涛教授》，《思想理论教育导刊》2014 年第 11 期。
② 韩喜平：《社会主义核心价值观培育与高校的责任》，《中国高等教育》2014 年第 7 期。
③ 董奇：《把社会主义核心价值观融入人才培养全过程》，《中国高等教育》2017 年第 1 期。
④ 王琰：《将社会主义核心价值观融入高校立德树人全过程的五个维度》，《思想理论教育导刊》2015 年第 1 期。
⑤ 罗生全：《社会主义核心价值观融入学校教育的机制创新》，《教育科学研究》2017 年第 3 期。
⑥ 李爽、金玲玲、王婷、刘芳：《社会主义核心价值观融入高校教育教学全过程现状评价研究》，《学校党建与思想教育》2019 年第 8 期。
⑦ 王晓莉：《把核心价值观教育融入高校教育全过程》，《人民论坛》2018 年第 1 期。

与本土培育相比，跨文化传播的研究热度与成果数量则与其重要性极不相称，这也是研究不平衡的重要体现。

（三）关于社会主义核心价值观的跨文化传播研究

学界关于不同文化背景下的价值观能否传播尚未达成一致，总体有两种基本态度，第一种是不同文化背景下的价值观相互冲突不可调和，第二种是不同文化背景下的价值观在冲突中可以相互融合。

持第一种观点的代表人物主要是美国著名学者塞缪尔·亨廷顿（Samuel Huntington），他在著作《不是文明，又是什么?》《西方文明：是特有的，不是普遍的》《文明的冲突与世界秩序的重建》中，提出了"文明冲突"（Clash of Civilization）理论，引起了国际学术界的普遍关注和争论。亨廷顿指出，"文明是对人最高的文化归类，是人们文化认同的最广范围，人类以此与其他物种相区别"[①]，同时认为冷战以后，中华文明、日本文明、印度文明、伊斯兰文明、西方文明、东正教文明、拉美文明，还有可能存在的非洲文明，会是世界文明的主要组成部分，文化与文明之间的冲突主要是在这七八种文明之间发生，其中伊斯兰文明和中华文明可能共同对西方文明产生威胁或提出挑战。亨廷顿的核心观点还有：全球政治正在以文明为边界进行重组，具有一定文化相似性的国家和民众正在聚类，而具有不同文化背景的国家和民众正在渐行渐远，文化和文明之间的断层线将是文明冲突的主战场，新的世界秩序将以文明为基础。他认为，文明冲突主要有两种形式，在微观层面，一个国家内部以及相邻国家的不同文明之间会存在断层线冲突；在宏观层面，不同文明的主要国家之间也会产生核心冲突，这种存在于断层线边缘的冲突是无休止的，只有主要文明核心国的行动才能终止断层线的冲突。[②] 也就是说，未来不是单一文化的天下，许多不同的文化和文明共存的同时也发生着冲突，

① 〔美〕塞缪尔·亨廷顿：《文明的冲突与世界秩序的重建》，周琪等译，新华出版社，2010，第 22 页。

② 〔美〕塞缪尔·亨廷顿：《文明的冲突与世界秩序的重建》，周琪等译，新华出版社，2010，第 184~185 页。

有着不同文化的国家之间彼此疏远冷淡甚至互相敌对，竞争性共处（Competitive Coexistence）成为国际关系的一种常态，这也是未来世界和平的最大威胁。在全球政治多极化的常态下，不同文明之间能跨越界限（Crossing Boundaries）显得尤为重要，而尊重和承认界限同样非常重要。

事实上，在全球化进程中，"社会在有些（主要是经济和技术）方面在趋同，在有些（主要是社会关系）方面在趋异"。① 全球化背景下出现的这些新的变化与趋势，在价值文化层面也有显现。因此，随着全球化的不断推进，价值观并未呈现趋同性，而是以一种特殊化、异质化的状态呈现，全球化并非带来价值认同的单一化，反而会在全球范围内出现普遍而激烈的价值观冲突。持价值观冲突的学者认为，迄今为止全球化背景下的价值认同实质上是对发达国家价值的认同，而这种性质的价值认同必然导致不同价值观之间的冲突。在全球化进程开始以前，在以往不同地域、民族和国家相互隔离的状态下，价值观之间的差异早已存在，但这种差异在根源上是文化的独特性所导致的，并不会对世界上其他价值观的独特性带来颠覆性影响，即各种文化共同存在与发展。但随着全球化进程的加速，不同文化内核的价值观存在的差异，开始对各个国家和民族的交流交往产生影响，哪怕只是表面上风俗习惯的不同，在深层次的价值观层面也会发生剧烈冲突。尤其是资本主义国家奉行的价值理念，在全球推广过程中也遇到了一些问题。西方国家为了促进资本和商品在全球的自由流通，实现价值利益的最大化，消除价值观层面的阻碍成为首要任务。这些国家采用了一种强制或渗透的方式，来传播自身的价值观念，试图以文化输出的方式消除不同国家和民族之间的价值观差异。事实上，全球化的推进并不能使西方资本主义世界的价值观念全球化，其推行的价值观念在认同上存在一定危机，主要表现为这些价值观在文化的裹挟下，直接影响其他国家的文化及价值观的独立性，进而使这些国家丧失精神独立性，出现文化断流的局面。正因为如此，西方价值观自我标榜的普遍化诉求的合理性与合法

---

① 〔美〕罗兰·罗伯森：《全球化：社会理论和全球文化》，梁光严译，上海人民出版社，2000，第 16 页。

性在实践中逐渐动摇，人们开始质疑与反思，进而激发价值观变化的特殊化和异质化趋向。

持第二种观点的人强调价值共识，认为拥有不同价值观的人，尤其是不同文化背景下的人可以通过文化交流，在价值观层面持有基本一致的观点和态度。当然，更多的研究者尽管看到了达成价值共识的难度，但依然承认不同文化传统之间是可以达成一致的，原因有以下几点。一是人作为类存在物的人类学基础决定了文化的共通性。本尼迪克特在其著作《文化模式》中提及，自有人类历史以来，整个世界上不管哪个民族都能接受其他血统的民主文化。① 二是当前全球化导致的普遍经验为达成价值共识提供了可能。沈湘平提出："全球经济和政治权力的体制决定了我们生活的大部分领域在解放上——或者最终在种类的生存上——产生了一种共同的兴趣，那么，我们就需要'在普遍的合理性上打一次帕斯卡式的赌了'。"② 三是世界上不同国家和民族的历史发展路径大体相同，社会发展的制度形态、演变形态在历史脉络中有着较强的一致性，这种自然存在的事实决定了价值共识有可能达成。"价值共识是对自然事实的文化反映，相同或相近的自然事实为共识提供了基础。与此同时，人类历史是一部文化交流、模仿与传播的历史，这正说明了某种价值共识存在的事实。"③

在价值共识的途径探索中，约翰·B.罗尔斯（John B. Rawls）提倡重叠共识。他所提出的"重叠共识"基于这样一种基本逻辑，即同样的结论可以由不同前提所得出。不同的人面对同样的事实，既可以立场观点是对立的，也可以从不同理由出发达成共识，这就是"重叠共识"④，比如法庭上的原告与被告立场观点截然相反，但都相信法律的权威。由此可以看出，重叠共识并不是严格意义上实现了价值观念的一致。罗尔斯通过"原初状态""无知之幕"等假设，以及"作为公平的正义"等概念来确证其

---

① 〔美〕露丝·本尼迪克特：《文化模式》，王炜等译，生活·读书·新知三联书店，1992，第16页。
② 沈湘平：《价值共识是否及如何可能》，《哲学研究》2007年第2期。
③ 沈湘平：《价值共识是否及如何可能》，《哲学研究》2007年第2期。
④ 〔美〕约翰·B.罗尔斯：《正义论》，何怀宏等译，中国社会科学出版社，2009，第387页。

学术论点，对于多元价值的尊重与约束具有一定的积极作用，在全世界的学术与政治领域产生了极大的反响。哲学解释学提出了价值共识的视域融合观点。按照哲学解释学的理解，我们被抛进不同的"传统"之中。这些不同的传统其实就是多元价值观念，价值差异现象的存在既与历史差异有关，也与人们对历史理解的差异相关。不同价值传统展开的是一个由前判断体系构成的视域，所有视域都是开放的、流通的，在视域交流中会产生这种融合的现象。当然，视域融合并不是不同观念同质化，而是具有差异性的价值在相互作用中能够超越自身固有观念的领域，以超越性姿态向着更高层级发展，实现较为普遍的提升，形成一个彼此交融的全新视域。视域融合之后所形成的全新视域可被看作价值共识。

不管理论研究中的价值观能否进行跨文化传播，在现实生活中，文化裹挟着价值观对外输出的案例不胜枚举。当然，在文化层面透视社会主义核心价值观的跨文化传播，是站在文化安全与文化软实力的立场上看待社会主义核心价值观，本土建构之后的跨文化传播显然是一条必然路径。目前，学界关于社会主义核心价值观跨文化传播的价值与路径研究已经有了一定的成果。有学者提出，社会主义核心价值观对外传播，是自身丰富和发展的需要，是回应国际社会误解和偏见的需要，是丰富全球治理理念、解决全球发展问题的需要；[1] 促进社会主义核心价值观的国际认同，是增强文化软实力，在综合国力竞争中赢得优势的需要，是确立中国大国形象的战略选择，事关政府执政合法性与和谐社会的构建。[2] 有学者认为，社会主义核心价值观国际话语权构建有助于国家文化软实力与国家形象的提升。[3] 还有学者从中国和世界两个维度探讨中国价值观念跨文化传播的意义：对中国而言，有利于提高国际话语权、破解形象赤字、化解信任危机和澄清价值事实，为实现"四个伟大"赢得良好的国际声誉和国际支持；

---

[1] 赵丽涛：《全球化背景下社会主义核心价值观的对外传播》，《中国特色社会主义研究》2014 年第 3 期。

[2] 林伯海、易刚：《社会主义核心价值观国际认同的机理和实现路径》，《思想理论教育》2014 年第 10 期。

[3] 李延生：《社会主义核心价值观国际话语权构建的意义与原则》，《求知》2017 年第 3 期。

对世界而言，以当代中国价值观念为底色的中国力量、中国经验、中国智慧和中国方案为实现人类美好未来提供了有益的参考和价值指向。有学者指出，"一带一路"倡议的实施为社会主义核心价值观的对外传播带来了机遇与挑战，文化传播应成为提升社会主义核心价值观国际影响力的一条特色路径。① 社会主义核心价值观对外传播，要搞好结合渗透，注重理论推介，拓宽传播渠道。② 要努力形成中国独特的话语体系，抢占话语制高点，加强国际分众传播，用好网络新媒体为社会主义核心价值观的对外传播构建新平台。③ 同时，中国在对外传播的同时要注意避免美国式意识形态话语的缺陷④，建立健全社会主义核心价值观全面传播策略，构建新时代社会主义核心价值观对外传播话语体系，建立政府主导统筹协调的对外传播模式，促进社会主义核心价值观的有效传播，进而树立良好的国际形象。⑤ 为了实现高效的对外传播，必须充分利用外交话语，实现中国外交话语与当代世界话语体系的对接；在全球化、信息化、智能化时代，加强网络话语权的构建，形成网络话语优势，是社会主义核心价值观话语体系对外传播的重要途径。⑥ 还有学者认为，要培养社会主义核心价值观的世界眼光，打破西方价值偏见；构建新时代中国特色话语体系，创新话语方式；阐发其世界历史意义，兼具共同价值和中国特色；建立政府主导、多元主体、多种方式对外传播的世界格局，实行国际分众传播；推进社会主义核心价值观对外传播的全面研究，强化有效理论支撑；⑦ 使社会主义核

---

① 马娟：《"一带一路"背景下社会主义核心价值观的对外影响研究——以岭南文化的国际传播为视角》，《社科纵横》2019 年第 3 期。

② 蔡惠福、刘大勇：《建设社会主义文化强国须搞好核心价值观的对外传播》，《红旗文稿》2012 年第 5 期。

③ 朱霁：《论社会主义核心价值观的对外传播及其实践路径》，《马克思主义研究》2016 年第 8 期。

④ 周鑫宇：《美国核心价值观的传播话语改造分析》，《现代传播》（中国传媒大学学报）2018 年第 5 期。

⑤ 党琼：《中国社会主义核心价值观与国家形象对外传播策略研究》，《文化与传播》2020 年第 3 期。

⑥ 孙伟平、孙晓静：《当代中国话语体系建设与社会主义核心价值观"走出去"》，《当代中国价值观研究》2018 年第 4 期。

⑦ 王安忠：《论新时代社会主义核心价值观的对外传播》，《世界社会主义研究》2018 年第 8 期。

心价值观与人类命运共同体理念紧密结合，保持政府主导与多元主体适度张力，增强传播效果，构建中国独特的话语体系，彰显中国价值特色，实现对外传播话语权转变，掌握网络传播主动权。①

上述研究对社会主义核心价值观的跨文化传播有所推动，也使以下问题显得更为重要。一是文化逻辑视域下社会主义核心价值观跨文化传播的本质定位，研究者多从文化软实力、国家形象等视角展开研究，应当明确文化博弈场中社会主义核心价值观跨文化传播的目标、内容、方法等本质问题。二是社会主义核心价值观跨文化传播的现实困境与影响因素，现有研究理论分析较多，具有针对性的调研较少，探析表层现象的较多，挖掘深层次影响因素的较少，应当增强问题追寻与分析的科学性，合理运用多种研究方法。三是社会主义核心价值观跨文化传播的路径选择与体系构建，现有研究虽然涉及诸多一般性策略，但对这些策略与国家外交政策的互动补充性有待增强，应在此基础上进一步总结经验、突破理念，围绕国家发展方针来设计目标、方法和载体等。

综上所述，社会主义核心价值观研究是一个热点论域，在文化逻辑的整体框架下，既有关于本土建构的全方位探讨，又有关于跨文化传播的深入分析。但同时我们必须清醒地认识到，站在"两个一百年"的历史交汇期，民族复兴与文化繁荣理应是同频共振的共同体，社会主义核心价值观的文化逻辑远不止具有文化属性那么简单，还需要全方位审视其文化本质，分析其文化建构以及文化博弈中的价值立场与策略，跨文化传播的路径及模式建构等一系列理论与实践难题亟须破解。因此，在文化逻辑链条中研究社会主义核心价值观，必须既扎根于本土分析其建构的主体、模式、机制，又要在文化博弈的场域中探究跨文化传播的必要性、价值立场、实践模式，形成本土建构与跨文化传播关联互动的逻辑链条。基于以上考虑，本书尝试对社会主义核心价值观的建构与传播展开探讨。

---

① 高雁、尹亚冲：《人类命运共同体视域下社会主义核心价值观的时代价值和传播路径》，《学习论坛》2020 年第 8 期。

三　研究思路

本书以文化逻辑为主线，聚焦社会主义核心价值观本土建构与跨文化传播两个核心问题的本源性、可能性与实践性的理论阐释框架，在对基础理论展开研究的同时分析相关问题的实践框架，属于"理论—实践"命题相互促进与交织的综合性研究。本书主要有三条研究理路：从"文化—价值观"的关系中分析社会主义核心价值观的本质属性与功能；从"建构—传播"文化与跨文化互动关系中把握社会主义核心价值观的文化逻辑主线；在上述两对关系的基础上，透过"博弈—超越"的理论视野与实践进路，明确社会主义核心价值观跨文化传播的定位与方向。总体来说，本书从历史的深度、现实的广度和未来的高度三个向度来把握社会主义核心价值观的内涵，进而从"文化审视""文化渊源""文化建构""文化博弈""跨文化传播"五个层面来研究社会主义核心价值观的文化阐释，并得出了以下几点认识。

第一，社会主义核心价值观的文化审视和渊源分析是研究的逻辑起点。价值观的文化性以及文化的价值属性都告诉我们，社会主义核心价值观本质上是一种文化存在，而且是文化的精神内核，这是本研究最根本的立足点。同时，在此基础上，充分证明了社会主义核心价值观作为一种具有意识形态属性的价值文化，也具备中华优秀传统文化的民族性基因、革命文化的历史性涵养、社会主义先进文化的时代性指引。社会主义核心价值观通过生活化情景、制度化规范以及活动载体的创建与引领，发挥"以文化人"的功能；通过对社会思潮的价值整合，以自身理论的彻底性与说服力，形成较高的价值势位，达成必要的价值共识，发挥引领社会思潮的功能；通过维护历史传统与时代精神相统一、物质产品与精神内容相统一、民族文化与世界文化相统一，提升文化软实力，发挥维护文化安全的功能。

第二，社会主义核心价值观的文化建构要充分体现系统性。既要明确建构过程的主体，又要全面分析建构的模式，更要在机制上把握体系的运行规律。本书梳理了社会主义核心价值观文化建构的"战略—主导"主体、"转化—阐释"主体、"培育—传播"主体、"认同—实践"主体，并在分析物质形态、精神形态和制度形态三种建构形态的基础上，厘清了社会主义核心价值观文化建构的话语转化路径、培育传播路径以及接受认同路径，最终提出由价值系统、转化系统、培育系统、支撑系统和认同系统等组成的文化建构体系。正是在统筹协调机制、融合衔接机制、互动转化机制、评价反馈机制、条件保障机制的作用下，社会主义核心价值观文化建构体系才得以有序运行。

第三，社会主义核心价值观的文化博弈是不可回避的话题。文化博弈立足于"历史向世界历史转变"的基本遵循，是合规律性与合目的性的统一，符合本土建构与跨文化传播互构的基本规律。在目标指向上，是搭建文化交流平台、树立国家形象、追求和而不同的价值理念；在策略选择上，主张形成价值文化体系优势、构建价值文化发展新模式、培育文化博弈多元化主体，为文化博弈的"道""术"之争提供可行的"中国方案"。

第四，社会主义核心价值观的跨文化传播是研究的落脚点。社会主义核心价值观跨文化传播既代表国家意志的正当性，又充分体现社会主义先进文化的感召力，同时具有价值观念传播的潜隐性特征，是一个综合性系统化的传播过程，具有形成价值体系优势、增强民族精神独立性、整合凝聚价值共识的作用。价值流变是跨文化传播面临的首要问题，主要是话语体系的困境、习俗文化的樊篱、国际舆论的消解以及文化心理的不适等现实问题带来的阻碍，根源是传播主体与接受主体的对接断层、传播主体与传播内容的解读局限、接受主体与传播内容的理解偏差、传播环境与传播内容的文化冲突等。社会主义核心价值观跨文化传播需要把握好对内培育与对外传播的关系、整体谋划与具体推进的关系、传播内容与传播方法的关系。在此基础上，本书提出了社会主义核心价值观跨文化传播的交流融合模式，并在路径选择与运行模式上提供了可行性策略。

在路径选择上，主要是理论推介、社会传播与融合感染三条跨文化传播路径，即通过深度理论阐释，让国际社会明确社会主义核心价值观的内涵及意义；通过各类媒介载体在国际社会打造一定的宣传文化格局，促进国际社会对社会主义核心价值观的接受与认同；通过目标统合、内容调和、方法转合等促进社会主义核心价值观跨文化传播实现抽象价值形象化、系统理论生活化、整体观念细节化，增强跨文化传播的吸引力与感染力。

　　在运行模式上，主要是构建以"价值超越—内容体系""多元并进—传播体系""文化转型—支撑体系"为主体的社会主义核心价值观跨文化传播运行模式。通过"价值超越—内容体系"，建构一套具有中国立场的价值话语体系；通过"多元并进—传播体系"，构建相互协作、相互补充的传播主体群；通过"文化转型—支撑体系"，促进社会主义核心价值观在交流过程中不断进行创造性转化和批判性重建，最终达成一定的价值共识。

第一章 社会主义核心价值观的文化审视

世界上所有的文化形态自产生起就不可避免地与其他文化进行交流交融与传播碰撞，这是文化发展的普遍规律。从基本特点来看，文化的多样性与流动性并存、民族性与共享性兼具，作为文化的精神内核，价值观的建构与传播必定伴随着文化形态而存在。习近平总书记指出："人类社会发展的历史表明，对一个民族、一个国家来说，最持久、最深层的力量是全社会共同认可的核心价值观。核心价值观，承载着一个民族、一个国家的精神追求，体现着一个社会评判是非曲直的价值标准。"① 社会主义核心价值观是社会主义先进文化的灵魂和精髓，研究社会主义核心价值观的建构与传播，首先要透过文化的审视廓清基本理路和视野，准确把握其文化表征与功能，夯实社会主义核心价值观文化逻辑的立论基础。

第一节 社会主义核心价值观的文化理路

把握社会主义核心价值观的文化理路，是以文化视角审视社会主义核心价值观的第一要义，重点是通过文化的观点透视社会主义核心价值观的基本内涵、基于文化结构的价值表达和建构及传播的必然进路，全面把握社会主义核心价值观的文化本质。

一 社会主义核心价值观的文化内涵

文化是与人类共生的一个概念，人类发展史和人类文化史是相一致

---

① 《习近平谈治国理政》，外文出版社，2014，第168页。

的。然而，文化的定义却始终未能达成共识。英国人类学家爱德华·泰勒（Edward Tylor）1971 年在《原始文化》中提出："文化，或文明，就其广泛的民族学意义来说，是包括全部的知识、信仰、艺术、道德、法律、风俗以及作为社会成员的人所掌握和接受的任何其他的才能和习惯的复合体。"① 自此以后，关于文化的概念层出不穷，"自 1871 年至 1951 年，关于文化的概念就超过了 160 种"。② 时至今日，关于文化的概念已经不胜枚举，但无论在学界还是生活中，都很难就"文化"给出统一的定义。在人们的通俗理解中，宏观意义上的文化是人类创造的一切物质财富和精神财富的总和，微观意义上的文化是指文学、电影、音乐等文化艺术产品。《辞海》中对文化的解释有广义和狭义之分："广义指人类在社会实践过程中所获得的物质、精神的生成能力和创造的物质、精神财富的总和；狭义指精神生产能力和精神产品，包括一切社会意识形式：自然科学、技术科学、社会意识形态。"③ 该定义将文化看作一种历史现象，认为文化的发展具有历史继承性；同时强调，在阶级社会中文化既具有阶级性，也体现出一定的民族性、地域性。正因如此，不同地区和民族的文化共同促成了人类文化的多样性。更重要的是，作为意识形态的文化，是社会政治和经济的反映，同时又对政治和经济产生了巨大影响。就本书而言，笔者更倾向于将文化作为一个整体概念来理解，即作为物质文明和精神文明的价值呈现，文化作为意识形态的存在对社会主义核心价值观具有生成建构母体和交流传播载体的作用，这是价值观生成发展的内在文化逻辑。

价值因需要而产生，在主客体需要的互相满足中才有了存在的可能性。"人类的价值应该就人类与其他物类的比较而言，自我的价值应该就自我与别人、自我与社会、自我与人类的关系而言。"④ 价值观是人对价值的根本看法和对客观事物的基本态度，属于文化的精神内核。文化呈现

---

① 〔英〕爱德华·泰勒：《原始文化》，连树声译，广西师范大学出版社，2005，第 1 页。

② Al Kroeber and Clyde Kluckhohn, *Culture: A Critical Review of Concepts and Definitions*（New York: Vintage Books, 1963），p. 321.

③ 夏征农、陈至立：《辞海》，上海辞书出版社，2009，第 2379 页。

④ 张岱年：《论价值的层次》，《中国社会科学》1990 年第 3 期。

出多样化的存在形态，是一个"包括内核和若干外缘的不定形的结构整体"①。价值观属于"观念文化""精神文化""社会意识"等范畴，处于文化结构的最深层，从根本上决定了文化的性质和方向。在马克思主义的观点中，从认识论出发，价值观是人们对于客观存在事物的价值态度和价值判断，"是人们关于某种事物对人价值、意义、作用的观点、看法和态度"②。从实践论的观点来看，价值观是人们从事实践活动的根本价值导向，影响甚至决定着人们的实践活动。"在通过反复实践满足自身需要的价值活动中，人们对各种事物的好恶、美丑、是非、好坏、善恶等观念也必然会在思想意识中逐渐地沉淀下来，其中最核心、最稳定和最根本的内容，就形成了价值观。"③ 从某种意义上说，价值观是评判文化的基本标尺，具有一定的稳定性；但在一个社会中，随着文化的发展与变化，价值观也会随之更迭，即价值观与文化相互作用和影响。同时，任何一个社会的价值观都不是单一的，而是多元的、成体系的，在人类生活的各个方面形成了一个复杂的价值体系，如经济价值体系、政治价值体系、生态价值体系等。价值体系与生产力的发展相互影响，确保了社会的整体运行。一个社会的运行与另一个社会的区别往往在于价值体系的差异，而在一个价值体系中，起到根本性作用的就是核心价值观。因此，核心价值观是一个价值体系的灵魂，决定了整个社会的价值导向。可以说，在不同层次、不同维度的价值体系中，核心价值观引领着其他价值观，其他价值观具体呈现核心价值观的内涵与标准，二者共同构成的价值体系决定着社会生产力的发展方向。

从制度规定来看，《关于培育和践行社会主义核心价值观的意见》指出：社会主义核心价值观是社会主义核心价值体系的内核，体现着社会主义核心价值体系的根本性质和基本特征，反映着社会主义核心价值体系的

---

① 江畅等：《当代中国主流价值文化及其构建》，科学出版社，2017，第5页。
② 袁贵仁：《价值观的理论与实践：价值观若干问题的思考》，北京师范大学出版社，2006，第2页。
③ 罗国杰：《马克思主义价值观研究》，人民出版社，2013，第30~31页。

丰富内涵和实践要求，是社会主义核心价值体系的高度凝练和集中表达。[①]这一论述简洁明了地剖析了社会主义核心价值观与社会主义核心价值体系的关系，为我们把握社会主义核心价值观的内涵奠定了基础。也就是说，社会主义核心价值体系作为社会主义先进文化的精髓，体现了社会主义意识形态的本质，而社会主义核心价值观是社会主义核心价值体系中起根本作用的价值观念，决定了社会主义核心价值体系的发展方向，明确了社会主义先进文化的核心，是全国各族人民团结奋斗的价值基础。从词源学意义上分析，社会主义核心价值观作为一个合成词，是由价值观、核心价值观等基本概念衍生出来的特殊范畴。从"社会主义＋核心＋价值观"的三重角度来分析，社会主义核心价值观具有鲜明特征。首先是透过"社会主义"所体现的意识形态性。社会主义核心价值观体现了马克思主义指导下的意识形态属性，必然以无产阶级的根本利益和全人类的解放为出发点，并以为人民服务为核心。其次是通过"核心"所展现的文化性。文化的核心是价值观，社会主义核心价值观是社会主义先进文化的精神内核、价值基础，居于核心地位会起到关键作用，其文化属性决定了在社会主义先进文化建设中发挥着凝心聚力、强基固本的作用。最后是根据"价值观"所表现的价值性，从根本上规定了社会主义的价值本质和发展方向，影响着社会主义生产力和生产关系。通过梳理不难发现，社会主义核心价值观的三重属性均指向了上层建筑的范畴。因此，在人民群众生产生活存在差异的现实背景下，社会主义核心价值观是社会主义意识形态的核心内容，能够充分发挥引领和凝聚社会观念的作用，从而促进社会主义先进文化的繁荣发展。

二 社会主义核心价值观的文化表达

党的十八大明确提出社会主义核心价值观"三个倡导"的基本内容："倡导富强、民主、文明、和谐，倡导自由、平等、公正、法治，倡导爱国、敬业、诚信、友善。"从国家、社会、个人三个层面提出价值目标和

[①] 《关于培育和践行社会主义核心价值观的意见》，《人民日报》2013 年 12 月 24 日。

价值要求。早在党的十八大之前，理论界对社会主义核心价值观的讨论热度就居高不下，围绕社会主义核心价值体系和社会主义核心价值观的议题进行了充分的理论碰撞。学者们或多或少提出了关于凝练社会主义核心价值观的表达方式，形成了与"三个倡导"基本一致的诸多观点。有学者将中国特色社会主义核心价值理念概括为"富裕、和谐、公正、法治、民主、自由、责任、德性、智慧、优雅"①，与"三个倡导"契合度较高。在凝练社会主义核心价值观的过程中不难发现，无论是"三个倡导"还是其他表达方式，其表达都是精炼的，是作为文化内核的价值观最为基本的呈现方式。社会主义核心价值观从国家、社会、个人三个层面表达出社会主义意识形态的价值意蕴，旗帜鲜明地回答了"我们要建设什么样的国家""我们要建设什么样的社会""我们要培育塑造什么样的公民"三个重大命题。三个不同层次又有着内在统一的逻辑关系，既体现了国家与社会的一致性，也体现了社会与个人的一致性，还体现了个人与国家的一致性。因此，分析社会主义核心价值观的文化结构，重点要把握好国家、社会、个人三个层面的一致性关系。

在国家层面，"富强、民主、文明、和谐"深刻表达了国家的价值追求和意志，也反映了社会大众的价值期待，是凝聚各民族团结奋进伟力的价值导向。富强是发展的基础和前提，国富民强是社会主义的本质要求。"贫穷不是社会主义，发展太慢也不是社会主义"②，人民日益增长的美好生活需要与富强的价值目标是相一致的，而且是要实现物质生活和精神生活的共同富裕。民主的通俗表达就是人民当家做主，中国的民主是"全过程人民民主，实现了过程民主和成果民主、程序民主和实质民主、直接民主和间接民主、人民民主和国家意志相统一，是全链条、全方位、全覆盖的民主，是最广泛、最真实、最管用的社会主义民主"③。这是社会主义制度下人民民主的本质所在。中华文明源远流长，五千年来从未断流。发

---

① 江畅：《论中国特色社会主义核心价值理念》，《社会科学战线》2012年第10期。
② 《邓小平文选》第3卷，人民出版社，1993，第255页。
③ 《〈中共中央关于党的百年奋斗重大成就和历史经验的决议〉辅导读本》，人民出版社，2021，第252页。

展至今天，社会主义核心价值观更加趋向于促进文明的进步，以高度的文化自信和对外的平等尊重态度搭建开放、交流、互鉴的平台，以社会主义文化引领打造"各美其美，美人之美，美美与共，天下大同"的格局。和谐是中华民族的优良传统，人与人之间和谐相处，强调"君子和而不同"的处世之道；人与自然的和谐共生，倡导"天地与我并生，而万物与我为一"的价值理念；国家之间和平共处，自古就有"亲仁善邻""协和万邦"的和善基因。社会主义核心价值观倡导的和谐一方面是促进繁荣发展的和谐稳定，另一方面是站在人类命运共同体的高度为和谐世界发展指明方向。

在社会层面，"自由、平等、公正、法治"集中反映了中国特色社会主义社会的核心表征，直接回应了中国人民广泛认同的社会规范，同时也表达了当代中国社会的建设标准与价值理念。自由是人的本性，人类历史的发展过程就是追求自由的过程。"以每个人的全面而自由的发展为基本原则的社会形式"[1] 是共产主义社会的图景，这是人类自由发展的终极价值指向。社会主义核心价值观所倡导的自由是社会主义社会发展的题中应有之义，通过解放和发展社会生产力激发人们的主观能动性，进而增强社会创新和发展的活力。平等是自由发展的前提，作为社会主义的本质要求，平等不是与按劳分配原则根本对立的绝对平均主义，而是全体人民"共同享有人生出彩的机会，共同享有梦想成真的机会，共同享有同祖国和时代一起成长与进步的机会"[2]。这与社会主义所追求的"解放生产力，发展生产力，消灭剥削，消除两极分化，最终达到共同富裕"[3] 的价值目标是一致的。公正是人类社会自古就有的价值追求，也是当今社会人民群众的热切期盼。公正是一个社会稳定发展的基础，权力公正、规则公正等是社会制度完善的重要标志。社会主义核心价值观的公正是社会主义的公正，以人民为中心，不断满足人民的需要、维护人民的根本利益，是社会主义的本质要求。"只有社会主义才能消除资本主义和其他剥削制度所必

---

[1] 《马克思恩格斯选集》第 2 卷，人民出版社，2012，第 267 页。

[2] 《习近平谈治国理政》，外文出版社，2014，第 40 页。

[3] 《习近平谈治国理政》第 2 卷，外文出版社，2017，第 14 页。

然产生的种种贪婪、腐败和不公正现象。"① 因此，公正是与资本主义相区别的重要价值。法治，是社会主义现代化的基本要求，走什么样的法治道路，是近代以来中华民族探索社会主义建设和发展过程中面临的历史性课题。社会主义核心价值观所倡导的法治是依法治国，坚持走中国特色社会主义法治道路，坚持法律面前人人平等，实现国家治理体系和治理能力现代化。

在公民个人层面，"爱国、敬业、诚信、友善"从理想信念、道德品格等方面对社会主义国家公民提出了价值要求，需要全体公民内化于心、外化于行。爱国主义是民族精神最稳定的文化基因。社会主义核心价值观所倡导的爱国，是热爱社会主义新中国、热爱中国共产党领导下的中国，即爱国与爱党、爱社会主义相统一。新时代的爱国主义要与伟大复兴的中国梦联系在一起，让爱国主义的伟大旗帜在心中高高飘扬，并成为实现民族复兴的不竭动力。"一年视离经辨志，三年视敬业乐群"，敬业是职业道德的灵魂，职业活动是人们生存、发展的基本实践方式，人们对职业的基本态度和行为决定了社会生产实践的状况。因此，敬业既能反映个人的道德品质，也充分体现着社会价值，是个人和社会价值观相统一的结合点，社会生产劳动的重要性决定了敬业价值观的必然性。"人无信不立"，诚信是中华民族的传统美德。对个人而言，诚信的"诚"更多的是"内诚于心"，是指向个体内心的律令；"信"则偏向于"外信于人"，属于指向个体外部的标尺，诚信的价值观是个体身心的内外契合，在社会主义市场经济发展中引导人们树立正确的义利观。友善是人的本质要求，马克思认为："人的本质不是单个人所固有的抽象物，在其现实性上，它是一切社会关系的总和。"② 因此，友善是人类共同的价值，也是人们必须承担的社会责任。社会主义核心价值观所倡导的友善，是每个公民应该具备的基本品格，只有人人友善，才能促进社会的和谐发展。

从国家、社会、个人三个层面的文化表达不难看出，社会主义核心价

---

① 《邓小平文选》第 3 卷，人民出版社，1993，第 143 页。
② 《马克思恩格斯选集》第 1 卷，人民出版社，2012，第 139 页。

值观充分体现了三个内在一致性：国家与社会的一致性、社会与个人的一致性、个人与国家的一致性。无论是在理论与实践的互动中，还是在历史与时代的呼应中，社会主义核心价值观的价值导向源于人民也指向人民。只有将社会主义核心价值观作为一种文化，才有可能使之转化为人们的内在信仰和自觉行动。

三　社会主义核心价值观的文化进路

社会主义核心价值观是基于中国文化传统、中国发展道路、中国建设实践形成的，必定具有鲜明的中国特色。中国特色社会主义道路是历史和人民的选择，也是中国坚持和发展马克思主义的必然路径，符合人类社会发展的一般规律和社会文明的进步轨迹，因此社会主义核心价值观具有一定的世界意义。在文化进路上，社会主义核心价值观面临着对内和对外的双重路径，在从"历史向世界历史转变"的过程中，对内彰显的是国家价值立场，对外追求的是世界价值认同。可以说，社会主义核心价值观的文化进路是对内的建构（construction）与对外的传播（communication）。在社会建构理论看来，包括价值观在内的所有知识形成、发展、认同的过程都是一种社会建构，因此建构是社会主义核心价值观生成、发展的必然环节。"我们不能把社会主义核心价值观仅仅看作是民族的、相对的、特殊的、只具有局部意义的东西，那样我们就不可能获得价值观的世界历史性意义，也不能对世界人民产生巨大的感召力和吸引力，也不能获得文化上的软实力。"[①] 同时，站在"世界历史意义"的高度来看，只有对外传播，让民族文化获得国际认同，社会主义核心价值观才能产生更广泛的世界意义。因此，建构与传播是文化逻辑链条中的必然进路。

社会主义核心价值观的建构强调本土建构。社会主义核心价值观文化建构的目标在于促进其落细落小落实，通过增强传承力、吸引力和凝聚力，促进文化建构的高效进行。任何文化都有自身的传承力，都或多或少

---

① 韩震：《面向人类社会的理想规范——论培育和践行社会主义核心价值观》，《中国特色社会主义研究》2013 年第 5 期。

地从历史文化中承续发展动力。社会主义核心价值观作为社会主义先进文化的核心与灵魂，其传承力表现为对中华优秀传统文化的继承创新。"培育和弘扬社会主义核心价值观必须立足中华优秀传统文化。牢固的核心价值观，都有其固有的根本。抛弃传统、丢掉根本，就等于割断了自己的精神命脉。博大精深的中华优秀传统文化是我们在世界文化激荡中站稳脚跟的根基。"① 因此，社会主义核心价值观的建构必须立足于中华优秀传统文化这个根本，传承中华民族最深层次的精神追求和精神命脉，只有这样才能深刻展现中华民族的精神标识。社会主义核心价值观的传承力体现为在历史积淀中发扬血脉传承的民族基因，在新的时代浪潮中融入以改革创新为核心的时代精神，使民族精神和时代精神共同为社会主义核心价值观凝聚中国力量。价值观的吸引力源自本身价值观念的优势及解释表达程度。从理论的彻底性上分析，社会主义核心价值观是马克思主义指导下的理论体系与价值体系，在价值表达、价值立场等方面都属于"能说服人""掌握群众"的"彻底理论"。因此，从内容本身而言，社会主义核心价值观具有强大的吸引力。但对于人们在精神世界和现实世界面临的种种问题，能否进行合理的解释则是吸引力发挥与否的关键。人们对社会主义核心价值观的接受和认同度与其解释力呈高度正相关，通过自身的价值张力满足人民的精神需求，以通俗的表达方式吸引人、启迪人，把价值逻辑转化为生活逻辑，以人们喜闻乐见的方式使社会主义核心价值观充分融入生活情景，增强人民群众的价值认同，使其自觉做社会主义核心价值观的坚定信仰者、积极传播者、模范践行者。社会主义核心价值观的凝聚力主要体现为对社会及人的聚合、统摄和感召。在坚持马克思主义指导地位的基本前提下，社会主义核心价值观要在各类价值观念中保持主导地位，在多元中谋取共识，在尊重差异中引领社会思潮。同时，我们要充分鉴别研判意识形态领域的各种问题，发挥社会主义核心价值观的系统优势对问题进行统摄协调，进而达到感召人、说服人的目的。这对社会主义核心价值观的建构主体提出了更高的要求，在发挥自身示范感召作用的前提下，还要

---

① 《习近平谈治国理政》，外文出版社，2014，第 163 ~ 164 页。

增强各方面的能力。在培育建构过程中科学把握基本规律与现实问题，通过教育引导、舆论宣传、实践养成等多种方式方法形成现代性的建构机制，使核心价值观像空气一样无处不在，有效地将社会主义核心价值观内化为人的精神追求，外化为人的自觉行动。

在本土建构的基础上，社会主义核心价值观必定要进行跨文化传播，这是价值文化发展的必然趋势。随着全球化的不断推进，文化在全球范围内不断交流、互鉴、碰撞、融合，价值观的跨文化传播以文化为载体，而文化的兼容力、辐射力和传播力由核心价值观所决定。因此，研究社会主义核心价值观跨文化传播的首要前提是分析文化的兼容力、辐射力和传播力。所谓兼容力，是指价值观在跨文化传播过程中，与其他文化的兼容性。在文化人类学家的研究中，这种兼容力也可称为纵向传播的"濡化"和横向传播的"涵化"。"濡化"是指两个或两个以上不同文化体系由于持续接触和影响而造成的文化变迁[1]；"涵化"是指不同文化个人组成的群体，因持久、集中地接触，而相互适应、借用，造成一方或双方原有的文化模式发生了大规模的文化变迁[2]。无论是"濡化"还是"涵化"，起主导作用的文化体系都因有着较强的兼容力，而能够使其他文化体系发生改变。社会主义核心价值观跨文化传播，坚持马克思主义指导思想、依托社会主义先进文化传播载体，在跨越文化边界的过程中具有适应性强的优势，能够在一定程度上满足国际社会接受主流文化和价值的需求，进而通过文化互动更好地进入社会认同状态，达成价值共识。所谓辐射力，是指"一个国家整体的、综合的、全面的国家文化精神、品行、成果和形象总和而成的文化力量。……它向世界展示了一个国家的整体形象，不断地向世界宣示着自身的文化价值理念，并以文化成果的形式传达其文化理念"[3]。从纵向上看，社会主义核心价值观受到中华优秀传统文化和革命文化的滋养，具有深厚的价值意蕴；从横向上看，社会主义核心价值观集聚了社会主义先进文化的精华，具有强大的力量支撑。作为价值核心，其

---

① 张骥等：《中华文化走向世界策略研究》，中国社会科学出版社，2019，第53页。
② 郑金洲：《教育文化学》，人民教育出版社，2000，第124页。
③ 洪晓楠：《提高国家文化软实力的哲学研究》，人民出版社，2013，第114页。

辐射力发挥具有天然的能量优势，在中国综合国力不断增强的时代背景下，社会主义核心价值观在世界性流动过程中能够发挥社会主义先进文化的优势，潜移默化地释放能量，进而在跨文化传播中展现真实、立体、全面的中国。所谓传播力，就是文化对外传播的能力。社会主义核心价值观的跨文化传播，必须依托广阔的传播平台、综合的传播路径、高素质的人才队伍来不断提升传播力，这是由文化全球化交流的基本特点和中国当前面临的现实问题所决定的。一方面，中国逐渐走向世界舞台中央，必须拥有与国家综合实力相匹配的文化软实力，与世界共享精神文明成果并获得国际社会的认同，其中文化传播力是软实力提升的关键。另一方面，社会主义核心价值观在跨文化传播中，会不可避免地因意识形态差异而产生文化敏感，进而出现文化误读、文化休克甚至文化冲突，因此必须通过提升传播力来有效跨越语言、文化、社会制度、意识形态、民族属性乃至国家利益等方面的差异与鸿沟所导致的交流障碍与协作樊篱。

总之，建构与传播是社会主义核心价值观发展的必然路径，本书中的文化建构侧重从理论上进行分析，且在实践中，培育和践行社会主义核心价值观已经较成体系，与之相对的跨文化传播则道路曲折。从历史观、文化观、方法论等多重维度来看，社会主义核心价值观不可避免地要和世界文明对话，为了展示"中国视角"、传播好"中国声音"，进而提升社会主义核心价值观的国际话语权和影响力，必须进行确切系统的回答，为当前的理论进路与实践创新提供启发性思考。因此，建构与传播是社会主义核心价值观文化逻辑的必然环节。

第二节　社会主义核心价值观的文化视野

社会主义核心价值观是一个集意识形态、理论、价值、观念等于一体的文化体系，从文化的不同视角分析其本质是开展研究的前提。在理论视域下探究社会主义核心价值观形成和发展的根源，在历史视域下阐释社会主义核心价值观生成的历史必然性，在比较视域下把握社会主义核心价值观的价值立场，在实践视域下研判社会主义核心价值观的发展趋势，对于理顺社会主义核心价值观的文化逻辑具有基础性作用。

一　社会主义核心价值观的理论探源

社会主义核心价值观的形成和发展有着一定的理论渊源，是马克思主义价值观在中国的丰富与发展。马克思恩格斯在对资产阶级及资本主义价值观的批判中，对价值观及其相关概念进行了科学阐释，围绕科学社会主义和共产主义的价值观进行了深入探索。"在此前和现时的社会，也出现了种种批判资本主义社会弊端的学说，提出了种种变革社会的价值理想。这就是形形色色的社会主义价值理想。但是，它们没有奠定在科学的基础上。时代互换具有科学基础的价值理想，这就是科学社会主义的价值理想。"① 在马克思主义的观点中，资本主义制度带给人的是异化劳动，民众受奴役的程度和生产发展程度呈正相关，进而导致了价值的扭曲。马克思分析指出："在一极是财富的积累，同时在另一极，即在把自己的产品作为资本来生产的阶级方面，是贫困、劳动折磨、受奴役、无知、粗野和道德堕落的积累。"② 可见，人与人之间、人与物之间的关系是异化的，资产阶级所宣扬的价值观都是自身利益的体现，在马克思看来也是难以成立的。与此同时，马克思站在无产阶级的立场上提出了新的价值观念。其在《德意志意识形态》中强调："共产主义和所有过去的运动不同的地方在于：它推翻一切旧的生产关系和交往关系的基础，并且第一次自觉地把一切自发形成的前提看做是前人的创造，消除这些前提的自发性，使这些前提受联合起来的个人的支配。"③ 从价值的角度分析，马克思的观点主要是，被统治阶级不可能获得自由，只有通过联合在真实的集体中才能获得自由。恩格斯在《社会主义从空想到科学的发展》中提出了人的自由价值观念："无产阶级将取得公共权力，并且利用这个权力把脱离资产阶级掌握的社会化生产资料变为公共财产……人终于成为自己的社会结合的主

---

① 李斌雄：《中国共产党的价值观研究》，中国社会科学出版社，2003，第115页。
② 《马克思恩格斯选集》第2卷，人民出版社，1995，第259页。
③ 《马克思恩格斯文集》第1卷，人民出版社，2012，第202页。

人，从而也就成为自然界的主人，成为自身的主人——自由的人。"① 无论是社会主义还是共产主义，都是以每个人全面而自由地发展为基本原则，同时也是为绝大多数人谋利益。"无产阶级的运动是绝大多数人的，为绝大多数人谋利益的独立的运动。"② 总的来看，人的自由全面发展、共产主义、为绝大多数人谋利益等体现了马克思、恩格斯在 19 世纪对未来社会核心价值的深刻思考，为中国革命、建设、改革、发展的伟大实践指明了方向，为社会主义核心价值观的提出奠定了坚实的思想基础，并在中国共产党几代领导集体的继承和发扬下被赋予新的思想内涵，始终占据着社会主义意识形态主导地位，为社会主义核心价值观的建构及传播提供了科学指导和理论支撑。

中国共产党在奋斗征程中继承和发展了马克思主义，并形成了一系列对社会主义核心价值观有益的理论成果，如全心全意为人民服务的根本价值取向、建设"富强、民主、文明、和谐"的社会主义国家的价值目标等，这些都是社会主义核心价值观建构与传播的重要理论依据和思想基础。中国共产党的宗旨是全心全意为人民服务，始终将人民群众作为价值创造的来源和主体，党的七大正式将"为人民服务"写入党章，从党的根本纲领上明确了以人为本的价值出发点和落脚点。毛泽东围绕这一价值旨归提出："我们共产党人区别于其他任何政党的又一个显著的标志，就是和最广大的人民群众取得最密切的联系。全心全意地为人民服务，一刻也不脱离群众；一切从人民的利益出发，而不是从个人或小集团的利益出发；向人民负责和向党的领导机关负责的一致性；这些就是我们的出发点。"③ 邓小平指出："党章规定每个党员必须全心全意为人民服务，而不是半心半意或三心二意的，这也是党员的品质问题。"④ 江泽民、胡锦涛也从不同角度强调和发展了中国共产党全心全意为人民服务的根本价值取

① 《马克思恩格斯文集》第 3 卷，人民出版社，2012，第 817 页。
② 《习近平谈治国理政》第 3 卷，外文出版社，2020，第 529～530 页。
③ 《毛泽东选集》第 3 卷，人民出版社，1991，第 1094～1095 页。
④ 《邓小平文集（一九四九～一九七四年）》上卷，人民出版社，2014，第 257 页。

向。习近平总书记强调："人民对美好生活的向往，就是我们的奋斗目标。"① 他在中国共产党成立 100 周年大会上再次宣告："江山就是人民、人民就是江山，打江山、守江山，守的是人民的心。中国共产党根基在人民、血脉在人民、力量在人民。"② 中国共产党以人民为中心的价值立场明确了社会主义核心价值观的价值主体，即解决了"为了谁""依靠谁"的问题。中国共产党人在长期的探索实践中，始终将建设"富强、民主、文明、和谐"的社会主义国家作为价值目标。毛泽东曾提出："我们的目标，是想造成一个又有集中又有民主，又有纪律又有自由，又有统一意志、又有个人心情舒畅、生动活泼，那样一种政治局面。"③ 邓小平指出"贫穷不是社会主义"④，中国共产党带领人民在实现共同富裕的道路上艰苦奋斗、开拓进取，坚持物质文明和精神文明两手抓两手都要硬，历史性解决绝对贫困，全面建成了小康社会。党的十八大把"富强、民主、文明、和谐"作为社会主义核心价值观国家层面的价值目标，并在此基础上提出社会层面和公民个人层面的价值要求。中国共产党的百年奋斗历程，就是始终坚持追求社会主义核心价值并正式提出培育和践行社会主义核心价值观的过程。在理论构建上，"三个倡导"的内在逻辑是基于中国特色社会主义理论体系的价值建构，是中国共产党坚持理论自信的立场满足人民群众普遍价值共识和精神坐标的具体呈现，为中国特色社会主义进入新时代提供了深厚的价值意蕴。

习近平总书记围绕培育和践行社会主义核心价值观发表了系列重要讲话，从提高国家文化软实力、增强文化自信等战略高度展开论述，为社会主义核心价值观的建构与传播提供了理论依据。习近平总书记强调："核心价值观是文化软实力的灵魂、文化软实力建设的重点。这是决定文化性质和方向的最深层次要素。一个国家的文化软实力，从根本上说，取决于

---

① 《习近平谈治国理政》，外文出版社，2014，第 4 页。
② 习近平：《在庆祝中国共产党成立 100 周年大会上的讲话》，人民出版社，2021，第 11 页。
③ 《建国以来重要文献选编》第 15 册，中央文献出版社，1997，第 240 页。
④ 《邓小平文选》第 3 卷，人民出版社，1993，第 225 页。

其核心价值观的生命力、凝聚力、感召力。"① 这一论断明确了社会主义核心价值观是具有根本意义的国家与社会命题，集中回答了新的历史条件下"中国人民以什么样的精神姿态走向民族复兴"的问题。从"中国向何处去"来看，毛泽东集中回答了"建设什么样的中国、怎样建设中国"的问题，邓小平、江泽民、胡锦涛集中回答了"建设什么样的社会主义、怎样建设社会主义"的问题。作为文化强国战略目标之魂，习近平总书记将培育和弘扬社会主义核心价值观定位为"一个国家的重要稳定器"②"一个民族赖以维系的精神纽带"③，是在新时代回应"实现什么样的民族复兴、怎样实现民族复兴"问题的思想结晶。习近平总书记指出："在核心价值体系和核心价值观中，道德价值具有十分重要的作用。国无德不兴，人无德不立。一个民族、一个人能不能把握自己，很大程度上取决于道德价值。如果我们的人民不能坚持在我国大地上形成和发展起来的道德价值，而不加区分、盲目地成为西方道德价值的应声虫，那就真正要提出我们的国家和民族会不会失去自己的精神独立性的问题了。如果没有自己的精神独立性，那政治、思想、文化、制度等方面的独立性就会被釜底抽薪。"④ 从根本上看，核心价值观所体现的价值意义，是"形成价值体系优势"、确保"民族精神独立性"，这就要求社会主义核心价值观的建构与传播必须着眼于人类历史发展的前进方向，必须反映社会主义的先进性。社会主义核心价值观基于中国道路和中国实践，必定具有中国特色和形态。结合习近平总书记的重要论述不难发现，社会主义核心价值观对道路自信、理论自信、制度自信、文化自信具有一定的升华作用，是彰显民族精神独立性的价值导向力与精神驱动力，是治国安邦的首要因素与必要原力。在坚定自信的基础上，习近平总书记还强调让中国的价值观念走向世界，"提高国家文化软实力，要努力传播当代中国价值观念。当代中国价值观念，就是中国特色社会主义价值观念……要加强提炼和阐释，拓展

① 《习近平谈治国理政》，外文出版社，2014，第163页。
② 《习近平关于社会主义文化建设论述摘编》，中央文献出版社，2017，第106页。
③ 《习近平关于社会主义文化建设论述摘编》，中央文献出版社，2017，第124页。
④ 《习近平关于全面深化改革论述摘编》，中央文献出版社，2014，第88页。

对外传播平台和载体，把当代中国价值观念贯穿于国际交流和传播方方面面"①。综上，习近平总书记关于社会主义核心价值观的重要论述进一步发展了这一思想，并将之贯穿于治国理政的生动实践中，开辟了中国特色社会主义在新时代的发展道路，为社会主义核心价值观的建构与传播研究提供了宝贵的思想资源。

二　社会主义核心价值观的历史必然

每一个历史阶段都有其核心价值观，社会主义核心价值观的提出是历史发展演进的必然结果。在中国封建社会两千多年的发展历程中，以"天""仁""礼"为主要内容的价值观集中体现了封建统治阶级的意志。"天人合一"是中国从远古时代承袭而来的整体论思想，在历史更迭中不断传承，逐渐演变为以"天行健，君子以自强不息；地势坤，君子以厚德载物"（《周易·象传》）为代表的中国传统文化的精神内核。中国的"天"作为一个道理（天道酬勤）、一条规律（顺天者存、逆天者亡）、一个制度（天不变，道亦不变）而存在，天与人相伴而生的"天人合一"思想是中国封建社会最基本的价值秩序。从孔子的"子不语怪力乱神"（《论语·述而》）到"生死有命，富贵在天"（《论语·颜渊》），从"天"到"命"的发展阐释，反映了古人对客观规律的基本认识。"诚者，天之道也；思诚者，人之道也"（《孟子·离娄上》），孟子认为天和人是相通的，是统一体。董仲舒通过强调天人感应，如人有五脏、天有五行等，进一步强化了人们对"天人合一"思想的认识。再到后来，天理、人欲的天道观，进一步返本开新，梳理出天理与现实的人为关联。这些认识符合封建社会统治阶级的要求，逐渐成为他们维持统治秩序的思想工具。以内"仁"外"礼"为核心的儒家思想代表了中国传统的道德规范和价值核心。在儒家思想中，"仁"作为一种价值选择既是人们的生活交往境界，也是施政者的治理思想之源。"仁"明确表达了人与人之间的关系。"樊迟问仁。子曰：'爱人'"（《论语·颜渊》）、"当仁，不让于师"（《论语

---

① 《习近平谈治国理政》，外文出版社，2014，第161页。

·卫灵公》）无不体现出农业社会中，人们的交往价值诉求，"这是明智的统治阶级和被统治阶级都欢迎的，适应了整个民族心理的需要"①。"礼"是"仁"的具体表现形式，正所谓"克己复礼为仁"（《论语·颜渊》），作为一种行为规范，"礼"通过教化的方式逐渐成为人们的生活常态，成为维护封建社会秩序的规范准则。春秋时期"礼崩乐坏"，孔子提出恢复周礼，以"非礼勿视，非礼勿听，非礼勿言，非礼勿动"（《论语·颜渊》）强化礼维护秩序的功能。"天""仁""礼"构筑起中国封建社会不同层次的价值观念，形成了以"仁、义、礼、智、信""三纲五常""三从四德"等为核心的封建社会价值体系。随着时代的发展，这些价值观逐渐演进为具有时代特征的价值观念，甚至被历史所淘汰而不复存在，但不可否认的是，其对人们的思想观念和行为方式产生过巨大影响，这是在以小农经济为基础的基本社会制度下，满足人们的价值诉求和社会秩序发展要求的必然结果。

马克思指出："物质生活的生产方式制约着整个社会生活、政治生活和精神生活的过程。不是人们的意识决定人们的存在，相反，是人们的社会存在决定人们的意识。"② 随着封建王朝走向末路，中国进入制度、文化、价值观念等方面的变革期。以康有为、梁启超为代表的维新派人士开始意识到中国存在的制度问题，遂发起维新变法，主要提倡对社会制度、政治体制等进行改良，但遭到了以慈禧太后为首的顽固派的遏制。在救亡图存的过程中，统治者始终没能认识到制度的落后，直至封建社会走向灭亡。1911 年武昌起义爆发，辛亥革命拉开帷幕，在孙中山"民族、民权、民生"三民主义的指导下，推翻了中国长达两千年之久的君主专制制度，建立了实行议会制和责任内阁制的资产阶级共和国，颁布了《中华民国临时约法》。最终，袁世凯称帝，窃取了辛亥革命的果实，辛亥革命以失败而告终。在制度改革接连失败的过程中，国人逐渐认识到，制度问题作为根源，深受文化土壤的影响，资本主义制度在中国行不通的根本原因在于

① 李从军：《价值体系的历史选择》，人民出版社，2008，第 311 页。
② 《马克思恩格斯选集》第 2 卷，人民出版社，2012，第 2 页。

中国几千年的封建文化对其有基因上的排斥性。辛亥革命使一部分先进的知识分子认识到，只有从思想文化层面改变对封建文化的固有态度，才能真正实现政治体制的变革。1915 年，陈独秀通过《新青年》大力提倡民主、反对专制，提倡科学、反对迷信，开启了新文化运动。无论是辛亥革命提出的"民族、民权、民生"，还是新文化运动举起的"民主""科学"两面大旗，都是在封建社会的核心价值体系不断解构之后重新提出的过程性价值观念。在新的价值观念尚未完全确立的历史时期，马克思主义进入中国，开启了指导中国革命实践的发展道路。中国共产党成立后，在马克思主义的指导下探索构建了一系列符合中国历史背景和社会现实的价值观念，即社会主义核心价值观的雏形。一方面，在实现民族独立、人民解放的历史进程中，形成了以井冈山精神、长征精神、延安精神、西柏坡精神等革命精神为代表的核心价值观，并推动全心全意为人民服务的价值观念不断发展；另一方面，在推进建设发展、改革开放的历史阶段，进一步凝练和培育民族精神，将社会主义、爱国主义、集体主义等价值观念作为精神文明建设的重要内容，宣扬艰苦奋斗、自力更生的改革创新精神。这些价值观念虽然未以"社会主义核心价值观"的名义进一步明确性质、地位和作用，但进行了充分的凝练与倡导，并上升至国家意识形态层面，广泛凝聚了社会价值共识，为革命胜利和社会建设提供了强有力的精神支撑。

在中国共产党带领全国各族人民实现中华民族伟大复兴中国梦的征程中，凝练出了为人民服务、独立自主、无私奉献、人人平等、民主、自由、平等、正义、艰苦奋斗、改革创新、社会主义市场经济、文明、富强、共同富裕、人的全面发展、公平、法治、和谐、爱国主义、集体主义、以人为本等价值观念，体现了不同历史阶段的主流价值观，为社会主义核心价值观的提出奠定了基础。随着综合国力的稳步提升，人民群众的物质生活水平不断提高，总体呈现出积极向上的精神面貌。改革开放以来，中国人民的生活水平得到极大程度的提高，与此同时，国际国内形势都发生了深刻变化，中国走向了一个文化不断交融、思想极度活跃的时代，人们的观念在冲击和碰撞中也出现了一定的问题。其中较为显著的问题在于，一些人的是非对错、美丑善恶等价值观念出现了偏差，"人们思想活动的独立性、选择性、多变性、差异性明显增强。有理想迷失、信念动摇者，有道德堕落、观念扭曲者，有腐朽落后思想文化沉渣泛起，也有拜金主义、享乐主义、极端个人主义暗中滋长"①。不良价值观念的盛行，直接引发了道德滑坡等问题，关系着社会的稳定与社会主义现代化建设的顺利推进。"如果一个社会没有共同理想，没有共同目标，没有共同价值观，整天乱哄哄的，那就什么事也办不成。我国有 13 亿多人，如果弄成那样一个局面，就不符合人民利益，也不符合国家利益。"② 走中国特色社会主义道路的中国应该倡导什么样的价值目标和价值取向？和资本主义价值观的本质区别在哪里？社会主义精神文明到底如何建设？这些重大理论与实践命题需要及时得到回应。2006 年党的十六届六中全会通过《中共中央关于构建社会主义和谐社会若干重大问题的决定》，明确提出了社会主义核心价值体系的基本内容：马克思主义指导思想、中国特色社会主义共同理想、以爱国主义为核心的民族精神和以改革创新为核心的时代精神、社会主义荣辱观。③ 2011 年党的十七届六中全会通过《中共中央关于深化文化体制改革、推动社会主义文化大发展大繁荣若干重大问题的决定》，明确了"社会主义核心价值体系是兴国之魂，是社会主义先进文化的精髓，决定着中国特色社会主义发展方向。要坚持用社会主义核心价值体系引领社会思潮，在全党全社会形成统一指导思想、共同理想信念、强大精神力量、基本道德规范"④。可以说，建设社会主义核心价值体系，事关中国特色社会主义事业的发展前途，事关中华民族的生死存亡。中国特色社会主义进入新时代，中国人民已正式踏上强起来的历史新征程。随着中国逐渐走向世界舞台中央，中西方价值文化的博弈更加激烈，全面深化改革的过程中各种深层次的矛盾依旧突出。在这些基本前提下，党的十

---

① 《培育昂扬向上的公民品格》，《人民日报》2014 年 2 月 17 日。
② 《习近平谈治国理政》第 2 卷，外文出版社，2017，第 335 页。
③ 《十六大以来重要文献选编》（下），中央文献出版社，2008，第 661 页。
④ 《中共中央关于深化文化体制改革、推动社会主义文化大发展大繁荣若干重大问题的决定》，人民出版社，2011，第 11~12 页。

八大正式提出社会主义核心价值观。"社会主义核心价值观的凝练和提出，既是我国社会主义建设、改革历史与现实发展的必然要求，又是应对我国正处于全面深化改革关键时期所面临的复杂形势与时代要求的需要。"①社会主义核心价值观是在历史发展的关键期被提出的，是进一步凝魂聚气、凝聚共识的现实需要，是增强民族文化自信、提升国家文化软实力的时代诉求。综上，社会主义核心价值观的提出是历史发展的必然结果。

三　社会主义核心价值观的国际立场

受政治、经济、文化、历史等因素不同程度的影响，每个国家都有自身的核心价值观，代表着本国的文化形象和价值立场，体现了国家意识形态和社会制度的本质。正因如此，各个国家的核心价值观具有一定的差异性。综观各国核心价值观的培育情况可以发现，有些国家明确提出了本国的核心价值观，如新加坡发布了《共同价值观白皮书》，正式提出了"国家至上、社会为先""家庭为根、社会为本""关怀扶持、尊重个人""协商共识、避免冲突""种族和谐、宗教宽容"等价值观念。越南在《社会主义过渡时期国家建设纲领》中提出了"我们正在建设的社会主义社会是一个民富、国强、民主、公平、文明的社会"②，成为越南核心价值观的基本内容。有些国家虽然没有明确提出核心价值观，但在其多年的历史文化传统中逐渐形成的价值观念正深刻影响着国家的价值主张和民众的价值取向。如美国在《独立宣言》中称："我们认为下面这些真理是不言而喻的：造物者创造了平等的个人，并赋予他们若干不可剥夺的权利，其中包括生命权、自由权和追求幸福的权利。"③由此不难看出，以"自由、平等、民主"为核心的价值观念构成了美国的文化内核。普京曾在纲领性宣言《千年之交的俄罗斯》中提出了作为凝聚整个社会的"俄罗斯新思

---

① 郭建宁主编《社会主义核心价值观基本内容释义》，人民出版社，2014，第2页。
② 吕余生、农立夫主编《越南国情报告（2011）》，社会科学文献出版社，2011，第215～224页。
③ 〔美〕大卫·阿米蒂奇：《独立宣言：一种全球史》，孙岳译，商务印书馆，2014，第27页。

想"，强调俄罗斯人自古以来就有的传统价值观——爱国主义、强国主义、国家观念和社会团结①。法国在 2002 年之前（欧元正式流通之前）发行的货币为法郎，上面印有"自由、平等、博爱"的法文字样，这是 1789 年法国《人权宣言》颁布后最具代表性的法国价值观。有些国家的核心价值观提法较为多元，没有达成共识。如英国《每日电讯报》的社论《英国认同的核心价值观》提出了十大价值观：法治、"王在议会中"之主权、多元性的国家、自由、私有财产、制度、家庭、历史、英语世界、英国性格。在教育领域，英国制订了《核心价值观教育计划》，在大中小学推广"守法、民主、平等、自由、尊重和包容不同信仰与宗教"的价值观，时任英国首相卡梅伦将英国价值观阐释为"崇尚自由、包容他人、担当责任、遵守法治"。相对官方的界定是英国内政部提交给议会的《防范策略书》中所提到的："民主、法治、个人自由，尊重包容不同信仰和宗教。"② 有的国家没有明确提出核心价值观，但在学术界进行了充分的讨论。有学者在研究世界各国核心价值观时提出：韩国的价值观是"家庭至上""爱国主义""诚信知礼""民主法治""宗教宽容"③；日本的价值观为"自律守礼""尽忠职守""集体本位""国家至上""民主平等"④。总体来看，世界各国的核心价值观都是从传统到现代的文化积淀，代表了一个国家和民族不断发展、演进而成的文化内核，是国家价值立场与国民道德品格的统一体。

表 1-1　部分国家的核心价值观内容表达

国　家	核心价值观
美　国	自由、平等、民主
俄罗斯	爱国主义、强国主义、国家观念、社会团结
法　国	自由、平等、博爱

① Владимир Путин, "Россия на рубеже тысячелетия," *Независимая газета* (1999).
② 沈伟鹏、孔新峰：《英国的核心价值观及其启示》，《精神文明导刊》2015 年第 11 期。
③ 邵汉明：《核心价值观研究：以中国及世界各国的实践为视阈》，长春出版社，2015，第 338 页。
④ 邵汉明：《核心价值观研究：以中国及世界各国的实践为视阈》，长春出版社，2015，第 313 页。

国　家	核心价值观
新加坡	国家至上、社会为先 家庭为根、社会为本 关怀扶持、尊重个人 协商共识、避免冲突 种族和谐、宗教宽容
越　南	民富、国强、民主、公平、文明
英　国	民主、法治、个人自由，尊重包容不同信仰和宗教
韩　国	家庭至上、爱国主义、诚信知礼、民主法治、宗教宽容
日　本	自律守礼、尽忠职守、集体本位、国家至上、民主平等

　　通过表1-1可以看出，一个国家的核心价值观受到文化圈层根深蒂固的影响。比如，新加坡、韩国、日本等亚洲国家的核心价值观具有鲜明的儒家文化色彩；美国、英国、法国等资本主义国家对自由、平等、民主等核心观念具有一定的趋同性。抑或是说，这些价值观的形成，是文化不断交流碰撞融合之后的结果。回顾世界各国文化交流与价值观的形成过程不难发现，各国的价值观念都必然经历交流、交融或是冲突。以文化交流为例，文化冲突在历史发展中是一种重要的呈现方式，甚至冲突到了一定程度会爆发战争。但是，文化的交流不只是冲突与碰撞，文化的融合在世界各国文化交流中是一种常态，比如佛教进入中国，形成了独特的佛教禅宗，并在儒、释、道的融合中发挥了关键作用，促进了传统文化的革新。另外，文化的交流未必会带来价值观的变革，但价值观的传播必定会搭乘文化交流的便车。文化具有一定的层次性，包括"表层的器物文化、中层的制度文化和核心层的观念文化"①。核心价值观属于观念文化的范畴，孕育着民族的精神内核。在文化的交流中，从表层的物质交流到中层的制度文化交流再到深层的价值观念交流需要一个历史过程，无论是中国文化走向世界还是世界文化来到中国都遵循这样的历史规律。中国的四大发明随着海上丝绸之路传入西方，推动了文艺复兴的来临，进而加快了西方现代化的进程，这一过程是由器物传播引发制度变革和观念革新的历程。中国改革开放以后，"20世纪80年代先是西方技术的引进，进行器物层次

---

① 刘洋：《当代中西文化交流中的意识形态问题》，社会科学文献出版社，2014，第59页。

的变革；而后是经济、政治体制改革，进行制度层次的变革；再后就是文化热，进行文化价值层次的变革"①。根据文化交流的历史规律不难发现，经济发展和国家强盛是文化交流的必要前提，文化交流是一个双向的过程，文化的开放程度决定了其对外交流的广度，对外交流必须以文化的先进性和感召力为支撑，对内接收必须以核心价值观坚定民族立场，实现文化的交流交融。

文化交流的过程实质上是核心层的价值观念不断碰撞、融合的过程。有些内容具有兼容性，可以融合，但有的内容却有着本质区别，难以相容，进而会引发文化的碰撞。站在世界文化交流的立场来看社会主义核心价值观，对外的跨文化传播是文化交流的一种必然选择。深入剖析不同国家的核心价值观不难发现，尽管在内容表述上有很多相同之处，但部分内容依然有着本质区别。在众多的价值观念中，社会主义核心价值观所倡导的民主、自由、平等虽然与资本主义核心价值观的表述一致，但二者在价值根源、价值立场上有着本质区别，也即资本主义核心价值观与社会主义核心价值观的立场差异。客观来讲，资本主义核心价值观在某种程度上具有一定的历史进步意义，"资本主义和封建主义相比，是在'自由''平等''民主''文明'的道路上向前迈进了具有世界历史意义的一步"。②但是，在现实中我们看到，资本主义核心价值观建立在生产资料私有制的基础之上，所谓的自由、平等、民主虽然相比封建社会具有一定的积极意义，但是社会主义核心价值观却具有更明显的优势。社会主义核心价值观所倡导的民主、自由、平等等价值观念具有天然的社会主义优越性。就历史使命而言，社会主义的本质"解放生产力，发展生产力，消灭剥削，消除两极分化，最终达到共同富裕"③与资本主义私有制相比具有优越性。就实践主体而言，建立在生产资料公有制基础上的人民民主专政，其核心价值观念的形成与发展代表最广大人民的根本利益，反映最广大人民的价值诉求。因此，社会主义核心价值观是具有人民性的，这是其根本的价值

---

① 郭建宁：《当代中国的文化选择》，北京大学出版社，2004，第19页。
② 《列宁专题文集：论资本主义》，人民出版社，2009，第248页。
③ 《习近平谈治国理政》第2卷，外文出版社，2017，第14页。

立场。随着全球化的推进，在文化的交流与融合中，社会主义核心价值观是社会主义先进文化在基因上的价值优势，社会主义文明与资本主义文明既可以交流互鉴，也可能是不同价值立场的碰撞，立场的选择决定了文化的发展方向。在国际社会，不同国家的核心价值观代表着不同的文化品格与价值立场，社会主义核心价值观则代表着世界最大的社会主义国家进行文化出场与价值表达。这是从"东学西传"到"西学东渐"，再到如今中国已经发展成为世界第二大经济体之后，文化繁荣发展价值观出场的必然之路，要坚定"社会主义之中国""世界之中国""人类之命运"的大国心态，明确社会主义核心价值观在国际社会的文化定位与立场，养成主动传播的意识，在文化的交流互鉴中树立新时代中国特色社会主义的文化形象。

四　社会主义核心价值观的实践趋向

社会主义核心价值观的凝练与生成，是政治、经济、文化等多方面因素相互影响的结果，同时也对各方面产生了重要影响。在政治上，中国坚持走中国特色社会主义道路，为世界社会主义的发展做出巨大贡献。"落后就要挨打，贫穷就要挨饿，失语就要挨骂。形象地讲，长期以来，我们党带领人民就是要不断解决'挨打'、'挨饿'、'挨骂'这三大问题。经过几代人不懈奋斗，前两个问题基本得到解决，但'挨骂'问题还没有得到根本解决。"[1] 随着中国国力的增强，西方资本主义国家不断抛出"中国威胁论"，并不遗余力地攻击中国的政治体制。在激烈的世界竞争中，如果没有旗帜鲜明的价值观念作指引，就很难充分彰显中国特色社会主义的道路自信、制度自信和理论自信，社会主义意识形态的凝聚力与影响力也会大打折扣。社会主义核心价值观的建构与传播是必要的实践环节，要基于中华优秀传统文化并充分借鉴人类文明成果，以开放的姿态坚定价值立场，在融入世界文明的同时从价值层面发出中国特色社会主义的最强音。在经济上，社会主义市场经济带来的一系列制度变革与社会变革对人

---

[1]　《习近平关于社会主义文化建设论述摘编》，中央文献出版社，2017，第211页。

们的思想价值观念产生了前所未有的影响。社会主义市场经济从根本上解决了生产力和生产关系的问题，促进了经济结构的多样化，并逐渐影响分配方式、社会结构以及人们的思想观念。在社会变革大潮中，传统的价值观念受到一定冲击，社会主义意识形态需要在时代变革中找准方向和定位，抑制各类思潮带来的影响。社会主义核心价值观的提出，打破了原有思维定式形成的种种弊端，为市场经济变革中人们确立科学的思维方式、思想观念和行为准则提供了方向性指引，同时为中国应对经济全球化的机遇和挑战提供了强有力的"主心骨"。在文化上，随着改革开放的不断推进，文化的交流与传播是中国融入全球化的重要方式，深化文化体制改革，不断提升中国"文化软实力"，建设社会主义文化强国，成为中华民族伟大复兴的必然要求。"文化上的每一个进步，都是迈向自由的一步。"① 中华民族五千年的文化发展史表明：文化的繁荣和民族的命运紧密关联，价值观作为文化的精神力量，是中华民族强有力的支撑。社会主义核心价值观反映了各族人民的根本利益和共同期待，是代表社会主义先进文化在国际社会参与"软实力"博弈的核心竞争力。无论是硬实力的提升促进社会主义核心价值观作为软实力的建构与传播，还是社会主义核心价值观的建构与传播进一步体现了硬实力的发展程度，在中国特色社会主义进入新时代的现实背景下，社会主义核心价值观的建构与传播，是国内发展与国际形势、硬实力与软实力等多方面因素不断交互作用的必然结果。我们必须建构符合国情、与时代相适应的社会主义核心价值观，在百年未有之大变局中把握机遇，助力中华民族实现伟大复兴。

世界各国的政治体制不尽相同，经济实力也有差异，文化模式多元并存，国家的价值立场、国民的思想观念等决定了一个国家基本的文化样态，决定了文化"软实力"较量中的价值竞争力。在当今世界，"百年未有之大变局"成为世界各国共同面临的时代机遇；在当今中国，社会主义建设已经走到了关键节点，建构与经济发展相适应的文化"软实力"具有重要历史意义。在此背景下，社会主义核心价值观具有两层价值意蕴。一

---

① 《马克思恩格斯选集》第 3 卷，人民出版社，2012，第 492 页。

方面，社会主义核心价值观是文化与价值交互作用的结果。作为社会主义先进文化的精神内核，社会主义核心价值观是文化"软实力"的自信之源。从文化结构来看，社会主义核心价值观代表了传统文化与现代文化交融的价值体系，在面向世界文化时，既可彰显传统文化的影响力，又能体现时代文化的开放性，这些都是促进国际社会接受中国价值观念的必要条件。也就是说，文化与价值的交互作用为社会主义核心价值观的建构与传播提供了更多契机。社会主义核心价值观的文化性与价值性在时代环境的作用下，彰显出不同于其他价值观的根本特性：代表着中国特色社会主义的价值目标和价值取向，致力于引领发展世界先进文化。另一方面，社会主义核心价值观的本土建构与跨文化传播，是当今应对现实挑战的必然选择。"核心价值观是文化软实力的灵魂、文化软实力建设的重点。这是决定文化性质和方向的最深层次要素。一个国家的文化软实力，从根本上说，取决于其核心价值观的生命力、凝聚力、感召力。"① 文化中的价值观，只有在建构中才能凸显其价值力量。在全社会培育社会主义核心价值观的过程，也是文化发挥引领凝聚功能以达成社会共识的过程。同样，价值观只有通过文化的传播才能促进软实力的提升，要发挥本国优秀文化的吸引力、影响力，使其在跨文化传播中被国际社会所感知、认同，展现社会主义核心价值观的文化实力。基于此，只有把握建构与传播的交互作用关系，才能充分挖掘国家文化"软实力"的力量之源。

　　总的来说，在文化"软实力"提升的现实背景下，建构与传播是社会主义核心价值观的必然趋向。在建构的过程中挖掘社会主义核心价值观的文化灵魂，在国人的集体追求中强化中国价值观念的支撑，为文化软实力提供最深广的力量来源；在传播进程中，凭借社会主义核心价值观的"中国性""时代性""世界性"找准国际社会的战略支点，以高度的价值自信阐释好中国价值观念；在建构与传播的互动中，明确社会主义核心价值观作为中国特色社会主义事业最基本价值支撑的定位，找准本土建构与跨文化传播的关键点位，形成对内对外的一致性，顺应时代发展之势，理顺

---

① 《习近平谈治国理政》，外文出版社，2014，第 163 页。

社会主义核心价值观本土建构与跨文化传播的文化逻辑。

第三节　社会主义核心价值观的文化功能

文化具有重要的作用，是人们认识世界、改造世界的精神力量，影响着个体的成长、社会的进步与国家的发展。先进的文化具有积极的促进作用，落后的文化则相反，具有抑制与阻碍作用。社会主义核心价值观是社会主义先进文化的精神内核，习近平总书记强调："培育和弘扬核心价值观，有效整合社会意识，是社会系统得以正常运转、社会秩序得以有效维护的重要途径，也是国家治理体系和治理能力的重要方面。历史和现实都表明，构建具有强大感召力的核心价值观，关系社会和谐稳定，关系国家长治久安。"① 社会主义核心价值观的文化功能主要体现在促进以文化人、引领社会思潮以及维护文化安全三个方面。

一　促进以文化人

习近平总书记强调："努力用中华民族创造的一切精神财富来以文化人、以文育人。"② 对于公民来说，社会主义核心价值观是人们的精神支柱与行动导向。社会主义核心价值观促进以文化人，就是"要通过教育引导、舆论宣传、文化熏陶、实践养成、制度保障等，使社会主义核心价值观内化为人们的精神追求，外化为人们的自觉行动"③。具体而言，就是在目标层面让社会主义核心价值观成为以文化人的目标导向，在内容层面针对不同群体形成具有鲜明特色的价值文化，在方法载体层面融入大众的生活世界。

社会主义核心价值观反映了当代中国各族人民共同的价值追求，培育和践行社会主义核心价值观的目的就在于凝聚中国人民共同的理想信念，这是社会主义核心价值观以文化人的目标所在。习近平总书记强调："我

---

① 《习近平谈治国理政》，外文出版社，2014，第163页。
② 《习近平谈治国理政》，外文出版社，2014，第164页。
③ 《习近平谈治国理政》，外文出版社，2014，第164页。

国是一个有着 13 亿多人口、56 个民族的大国，确立反映全国各族人民共同认同的价值观'最大公约数'，使全体人民同心同德、团结奋进，关乎国家前途命运，关乎人民幸福安康。"① 这里的"最大公约数"对于经济飞速发展带来巨大物质文明的中国而言，是精神文明发展的必然成果，同时也解决了当前价值观念层面存在的诸多问题。社会主义核心价值观为人们提供了树立国家观念、社会导向与个体规范的标尺，建构了全体人民的共同价值追求，为各族人民心往一处想、劲往一处使提供了思想基础，起到了凝心聚力的关键作用。人类在认识和改造自然的实践活动中创造了文化，而文化的核心就是价值观，也就是说价值观是在这一过程中产生的，同时也是在这一过程中发挥作用的。国家的价值观是在国民的奋斗历程中产生的，具有鲜明的民族特色，同时对公民的生产实践产生了一定的影响，科学的、积极的价值观对国民素养具有促进作用。社会主义核心价值观同样如此，作为社会主义建设实践中产生的社会主义先进文化的精神内核，社会主义核心价值观凝结着中国共产党带领各族人民实践奋斗的精神品质，既代表着文化发展与前进的方向，也是激励中国人民团结奋斗实现中华民族伟大复兴的思想保证、精神力量。在确立共同理想信念的基础上，社会主义核心价值观使中国人民进一步明确了国家观、民族观，即知道了自己是谁、从哪里来、到哪里去，提供了共同前进的精神支柱与动力，建构起"人民有信仰，民族有希望，国家有力量"的理论逻辑与实践框架。社会主义核心价值观要内化于心、外化于行。内化于心不仅是让公民对"三个倡导"烂熟于胸，而且要让公民对社会主义核心价值观的思想根源、理论内涵以及价值导向有更加全面深入的理解与认同，使社会主义核心价值观成为人们自觉的价值追求。这种内化一方面源于国家的广泛宣传与培育，另一方面源于个体主观能动性的发挥，即公民将社会主义核心价值观自觉、彻底地转化为自身的价值准则与政治信仰。通过内化，人们可以深刻了解社会主义核心价值观所特有的社会主义属性与优势，自觉将其作为自身的价值追求。外化于行就是个体将社会主义核心价值观转化为

---

① 《习近平谈治国理政》，外文出版社，2014，第 168 页。

自觉行动，这是培育社会主义核心价值观的根本目的。搭建各类实践平台，使社会主义核心价值观融入工作和生活的方方面面，在实践中巩固其价值导引作用，通过日常的行为养成使之最终转化为人们自觉的价值追求与行为习惯，营造"从自身做起、从小事做起、从现在做起、从身边做起"的良好氛围。内化于心是外化于行的前提，只有将社会主义核心价值观的理论与价值内化于心，才能更好地指导实践、转化为实践自觉；同时，外化于行是内化于心的一个重要途径，在实践中培育社会主义核心价值观，能够更好地促进人们的价值认同与情感认同。内化于心和外化于行相互作用、相辅相成，是社会主义核心价值观以文化人的必要过程，为更好地实现目标提供了保障。

以文化人的"人"，是中国特色社会主义事业的建设者和接班人，既包括为中国人民谋幸福、为中华民族谋复兴的中国共产党人，也包括奋战在各行各业的人民群众。以文化人的对象不同，社会主义核心价值观在确保统领共同的价值观念的基础上，落实的重点也有所区别。具体言之，社会主义核心价值观更多的是从国民道德素养层面提出具体要求，是社会主义核心价值观在不同群体中的细化落实。习近平总书记强调，要"引导人们向往和追求讲道德、尊道德、守道德的生活，让13亿人的每一分子都成为传播中华美德、中华文化的主体"①。这是对公民道德素养提出的整体性要求，针对不同的群体，习近平总书记还提出了更多具有针对性的道德标准：对广大青年提出要"坚定理想信念，培育高尚品格，练就过硬本领，勇于创新创造，矢志艰苦奋斗"②；对教师提出要"有理想信念、有道德情操、有扎实学识、有仁爱之心"③；对文艺工作者提出要"把培育和弘扬社会主义核心价值观作为根本任务，坚定不移用中国人独特的思想、情感、审美去创作属于这个时代、又有鲜明中国风格的优秀作品"④；

---

① 《习近平谈治国理政》，外文出版社，2014，第 160～161 页。
② 习近平：《让青春在奉献中焕发绚丽光彩——习近平总书记关于青年工作重要论述综述》，《人民日报》2021 年 5 月 4 日。
③ 习近平：《在北京大学师生座谈会上的讲话》，人民出版社，2018，第 8 页。
④ 《习近平谈治国理政》第 2 卷，外文出版社，2017，第 351 页。

对军人提出"有灵魂、有本事、有血性、有品德"① 的标准等。习近平总书记对各行各业的人培育和践行社会主义核心价值观都提出了具体要求，这对国民道德素养的提升具有重要指导意义，充分体现出社会主义核心价值观以文化人的特点。习近平总书记强调："教育引导是培育和弘扬社会主义核心价值观的基础性工作。要区分层次、突出重点，在全社会广泛开展社会主义核心价值观宣传教育。"② 本书无法对每个群体进行分析，仅就青少年学生群体展开阐述。青少年肩负着民族复兴大任，是社会主义核心价值观以文化人的重点群体。青少年处于价值观形成的关键时期，作为未来社会的主体，他们的价值取向、是非判断标准决定了未来整个社会的价值标准，因此，面向青少年群体培育社会主义核心价值观事关社会主义后继有人。习近平总书记强调："就像穿衣服扣扣子一样，如果第一粒扣子扣错了，剩余的扣子都会扣错。人生的扣子从一开始就要扣好。"③ "广大青年要自觉践行社会主义核心价值观，不断养成高尚品格。要以国家富强、人民幸福为己任，胸怀理想、志存高远，投身中国特色社会主义伟大实践，并为之终生奋斗。"④ 学校是培育青少年社会主义核心价值观的核心阵地，要将社会主义核心价值观贯穿国民教育全过程，使社会主义核心价值观的价值体系向教育教学体系转化，同时注重教育教学体系向青少年学生的接受认同体系转化，最终实现以文化人的目的。也就是说，面向青少年群体时，社会主义核心价值观以文化人的根本目的在于对他们的培养，尊重人、培养人是根本出发点和落脚点。因此，社会主义核心价值观贯穿国民教育全过程应坚持符合青少年成长需求的"因人制宜"、符合青少年发展阶段的"因时制宜"、符合青少年群体归属的"因群制宜"的理念创新。习近平总书记强调："培育和弘扬社会主义核心价值观必须从小抓起、从学校抓起。要把社会主义核心价值观的基本内容和要求渗透到学

① 《习近平谈治国理政》第 2 卷，外文出版社，2017，第 417 页。
② 《习近平关于全面建成小康社会论述摘编》，中央文献出版社，2016，第 112 ~ 113 页。
③ 《习近平谈治国理政》，外文出版社，2014，第 172 页。
④ 习近平：《在知识分子、劳动模范、青年代表座谈会上的讲话》，人民出版社，2016，第 11 页。

校教育教学之中，体现在学校日常管理之中，做到进教材、进课堂、进头脑。"① 教师和青少年学生是学校教育教学的主体，也是培育社会主义核心价值观的关键群体，在从"价值"到"教育"的理论推介、渗透融入、渠道拓展等整合转化过程中，其自身的素质能力与能动性发挥直接关系着以文化人的成效。因此，"广大教师要用好课堂讲坛，用好校园阵地，用自己的行动倡导社会主义核心价值观，用自己的学识、阅历、经验点燃学生对真善美的向往，使社会主义核心价值观润物细无声地浸润学生们的心田、转化为日常行为，增强学生的价值判断能力、价值选择能力、价值塑造能力，引领学生健康成长"②。

　　社会主义核心价值观的以文化人，要与人们的日常生活紧密联系起来，在落细、落小、落实上下功夫。中共中央办公厅印发的《关于培育和践行社会主义核心价值观的意见》强调指出：要"坚持联系实际，区分层次和对象，加强分类指导，找准与人们思想的共鸣点、与群众利益的交汇点，做到贴近性、对象化、接地气"③。社会主义核心价值观是具有较强理论性的价值体系，因此普通大众对其认知程度常常受限，人们对社会主义核心价值观的认同限度体现为理论逻辑形成的认知闭合，使其在后续环节难以形成认同，直接影响其基本的行为。破解这一问题需要在日常生活中下功夫，对社会主义核心价值观进行生活化培育就显得尤为重要。所谓生活化，就是从生活出发，找寻培育和践行社会主义核心价值观的契机，而非刻意化、规程化的操作，在生活的细微处把社会主义核心价值观日常化、具体化、形象化，使人们能够在生活中感知、在情感上认同、在行动上遵循，真正做到落细、落小、落实。这种融入式的方法充分利用了各种时机和场合，在衣、食、住、行等日常生活中营造了有利的情景氛围，潜移默化地培育社会主义核心价值观，可以突破认同限度，达到"百姓日用而不知"的效果。正如习近平总书记所言："我们要在全社会大力弘扬和践行社

---

① 《习近平关于青少年和共青团工作论述摘编》，中央文献出版社，2017，第24页。
② 习近平：《做党和人民满意的好老师：同北京师范大学师生代表座谈时的讲话》，人民出版社，2014，第6页。
③ 《关于培育和践行社会主义核心价值观的意见》，《人民日报》2013年12月24日。

会主义核心价值观，使之像空气一样无处不在、无时不有，成为全体人民的共同价值追求，成为我们生而为中国人的独特精神支柱，成为百姓日用而不觉的行为准则。"① 这种价值观培育的生活化充分利用了文化的弥散性特点，在生活情景中达到了以文化人的效果，使融入式、渗透式的方法成为社会主义核心价值观有效发挥其功能的重要途径。

　　社会主义核心价值观的以文化人仅靠生活化培育还远远不够，还需通过制度化在行为导向、道德约束、情感激励等方面进行必要的规定。一方面，社会主义核心价值观的制度化促进了制度体系的进一步完善；另一方面，制度本身所具有的规范性也使社会主义核心价值观的以文化人具备了稳定性。一是制度化的社会主义核心价值观提供了基本的行为准则，有效促进了以文化人的目标达成和知行统一。"要按照社会主义核心价值观的基本要求，健全各行各业规章制度，完善市民公约、乡规民约、学生守则等行为准则，使社会主义核心价值观成为人们日常工作生活的基本遵循。"② 二是社会主义核心价值观的制度化是建立公序良俗的必然要求。公序良俗是公共秩序与善良风俗的简称，与恶风陋俗相对应。规范的礼仪制度是形成公序良俗的必要路径，是促进社会主义核心价值观以文化人的重要方式。"礼仪是宣示价值观、教化人民的有效方式，要有计划地建立和规范一些礼仪制度，如升国旗仪式、成人仪式、入党入团入队仪式等，利用重大纪念日、民族传统节日等契机，组织开展形式多样的纪念庆典活动，传播主流价值，增强人们的认同感和归属感。"③ 通过礼仪制度传递社会正能量，是社会主义核心价值观以文化人的功能发挥。三是社会主义核心价值观的制度化助力各项政策的落实及其导向作用的发挥。习近平总书记强调："要把社会主义核心价值观的要求转化为具有刚性约束力的法律规定，用法律来推动核心价值观建设。"④ 这种制度化的落实将社会主义核心价值观与治理体系结合起来，形成有效的激励机制，促进人们自觉

---

① 习近平：《在文艺工作座谈会上的讲话》，人民出版社，2015，第23页。
② 《习近平谈治国理政》，外文出版社，2014，第165页。
③ 《习近平关于社会主义文化建设论述摘编》，中央文献出版社，2017，第110页。
④ 《习近平关于全面建成小康社会论述摘编》，中央文献出版社，2016，第114页。

成为良好道德风气的建设者与社会文明进步的推动者。

社会主义核心价值观以文化人的功能发挥，还需要活动载体的创建与引领。一是要充分发挥精神文化产品的价值导向功能，运用电视、电影、网络等媒体形成广泛的传播力、感染力、引领力，构建社会主义核心价值观积极向上的宣传氛围。"精神文化产品潜移默化地影响着人们的思想观念、价值判断、道德情操，对培育和弘扬社会主义核心价值观具有不可替代的作用。要运用各类文化形式，生动具体地表现社会主义核心价值观，用高质量高水平的作品形象地告诉人们什么是真善美，什么是假恶丑，什么是值得肯定和赞扬的，什么是必须反对和否定的。"[①] 二是开展群众喜闻乐见的多样化活动，通过志愿服务、教育实践、文明创建等引领人们自觉践行社会主义核心价值观，提升文明素养。"把社会主义核心价值观的要求融入各种精神文明创建活动之中，吸引群众广泛参与，推动人们在为家庭谋幸福、为他人送温暖、为社会作贡献的过程中提高精神境界、培育文明风尚。"[②] 三是培育选树践行社会主义核心价值观的先进典型。榜样典型作为社会的一种文化符号，承载着社会主义核心价值观的文化凝聚与形象展示功能。对人民群众而言，先进典型通过具体的、感性的真实形象发挥示范功能，且具有强大的感染力，影响人们的价值评判标准与行为准则。通过开展好人推选、道德楷模表彰、最美人物宣传等活动，发挥榜样的示范作用，形成较为强大的价值引导力与精神推动力，进而营造全社会学习典型的良好风气。总之，社会主义核心价值观的活动载体为以文化人提供了多样化路径，与生活化和制度化相辅相成，有效促进了社会主义核心价值观从价值观念到行为实践的转化。

二 引领社会思潮

社会思潮是大众思想行为状况的集中体现。目前，我国的社会思潮复杂多变，给意识形态工作带来了一定的影响。社会主义核心价值观如何充

---

① 《习近平关于社会主义文化建设论述摘编》，中央文献出版社，2017，第109页。
② 《习近平谈治国理政》，外文出版社，2014，第165页。

分发挥主流意识形态的引领作用，既在理论上存在较大的可突破空间，也对现实工作提出了明确的要求。把握社会思潮的基本内涵与特点、了解当前国内社会思潮的基本情况是解决这一理论与实践问题的前提，价值整合与高势位引领则是社会主义核心价值观引领社会思潮的必然路径。

何谓社会思潮？梁启超在《清代学术概论》中提出了"时代潮流"的概念，这也是学界所普遍认可的对社会思潮的定义："凡文化发展之国，其国民于一时期中，因环境之变迁，与夫心理之感召，不期而思想之进路，同趋于一方向，于是相与呼应汹涌，如潮然。始焉其势甚微，几莫之觉；浸假而涨——涨——涨，而达于满度；过时焉则落，以渐至于衰熄。凡'思'非皆能成'潮'，能成'潮'者，则其'思'必有相当之价值，而又适合于其时代之要求者也。凡'时代'非皆有'思潮'；有思潮之时代，必文化昂进之时代也。"① 改革开放以来，国内学人对社会思潮开展了深入系统的研究，对社会思潮的界定也不尽相同。有学者认为："社会思潮是许多个人思想的汇集，其本质是物质的经济关系、人们生存的社会条件以思想观点和情绪等形式在社会一部分人的意识之中的反映。"② 有学者提出："社会思潮是一定时期内、反映某一阶级或阶层群众利益和要求的、以某种理论学说为主导或依据的思想趋势或倾向。"③ 也有学者指出："社会思潮以一定的社会心理为基础，以相应的社会意识形态为理论核心，在一定历史时期具有相当影响的社会意识的活动形态。"④ 还有学者认为："社会思潮是在社会变革时代由一定思想理论引领的、反映社会历史走向诉求的、影响面很广的思想观念或倾向。"⑤ 这些界定基本相似，大体可以归纳为以下两个方面：一是社会思潮是在特定的社会背景下对社会气候的集中反映，是反映一定社会群体思想动态的"晴雨表"；二是社会思潮因具有相应的理论或思想作为支撑，而具有一定的社会辐射面与影

① 梁启超：《清代学术概论》，人民出版社，2008，第 1 页。
② 王锐生：《社会思潮初探》，《东岳论丛》1981 年第 3 期。
③ 许启贤：《社会思潮研究》，《淮南工业学院学报》（社会科学版）1999 年第 3 期。
④ 梅荣政、王炳权：《论社会思潮总体性研究中的几个问题》，《思想·理论·教育》2005 年第 19 期。
⑤ 林泰、蒋耘中：《社会思潮概念辨析》，《思想教育研究》2016 年第 5 期。

响力，并形成了一定的倾向性，是社会心理和意识形态的"风向标"。因此，社会思潮的形成需要一定的基础与条件，并非所有的思想都能成为思潮，即使已经形成的"潮"和"流"，也依然具有不稳定的波动性，呈现出潮涨潮落、波澜起伏的特点，我们可以通过社会思潮的情况对社会发展的走向进行分析研判。

社会思潮积极与消极并存、进步与倒退同在，既有符合社会发展的、积极的、进步的思潮，也有受西方意识形态影响的错误思潮。各种社会思潮在相互对立、彼此融合中不断发展，形成了多元化交织的困局，影响人们对主流价值观念的认同与选择。孙正聿认为当代社会思潮的特征表现为："对立模式的消解、英雄主义时代的隐退、高层精英文化的失落和理性主义权威的弱化。"① 如此，"一元主导，多元并存"依然是社会主义核心价值观与社会思潮的常态化格局。我们必须清楚，一些错误思潮干扰我国意识形态领域，对我国主流意识形态带来了巨大挑战，同时时刻警醒着我们：错误思潮与主流意识形态之间存在对立与分歧，需要发挥意识形态的主导作用，以社会主义核心价值观引领社会思潮，不断进行价值整合。习近平总书记强调："任何一个社会都存在多种多样的价值观念和价值取向，要把全社会意志和力量凝聚起来，必须有一套与经济基础和政治制度相适应、并能形成广泛社会共识的核心价值观。否则，一个民族就没有赖以维系的精神纽带，一个国家就没有共同的思想道德基础。培育和弘扬核心价值观，有效整合社会意识，是社会系统得以正常运转、社会秩序得以有效维护的重要途径，也是国家治理体系和治理能力的重要方面。"② 这里提出的"有效整合"的前提就是针对不同的社会思潮采取有针对性的整合方式，即展开必要的价值判断，对社会思潮的性质、观点、价值根源进行分析研判：对与社会主义核心价值观同根同源同质化的有益内容与元素，进行积极的融汇吸收；对与社会主义核心价值观对立化、异质化的社会思潮，进行旗帜鲜明的反对；同时区分好政治原则问题、思想认识问

---

① 孙正聿：《现代化与现代化问题——从马克思的观点看》，《马克思主义与现实》2013 年第 1 期。

② 《习近平关于社会主义文化建设论述摘编》，中央文献出版社，2017，第 106 页。

题、学术观点问题，采取针对性策略，在价值整合过程中不断优化自身的价值观念。这种价值整合不仅是理论上的，而且是实践上的，结合社会主义核心价值观的培育问题整合各类社会思潮，解决和消除人们面临的各种思想问题、价值困惑，有效跟进社会存在的价值真空、价值错位等问题，从而在社会主义核心价值观的实践进路中对社会思潮进行整合。在不能完全进行价值整合的情况下，对于一些错误的社会思潮，要主动达成必要的"价值共识"。所谓价值共识是指不同价值通过相互交流沟通而达成基本或根本一致的看法，不同根源的价值观念可以在文化交流中形成相对一致的观点和态度。达成社会主义核心价值观与社会思潮的价值共识有两种主要途径：一是罗尔斯提倡的重叠共识①，二是哲学解释学提出的视域融合。②在上述观点的基础上，我们提出：社会主义核心价值观引领社会思潮的价值共识，主要是尽可能挖掘各种社会思潮有益成分的共通性，以相近或相似的自然事实为基础，通过价值文化的"公分母"为社会主义核心价值观与社会思潮的价值共识提供可能性，把握好价值支点与各类社会思潮在相应领域达成共识。

社会主义核心价值观对社会思潮的引领是一种借助"势位差"的高势位引领。陈秉公教授提出了价值观念"势位差"的学术观点："价值观念的'势位差'，是指不同价值观念因其自身所内蕴的知识、价值、规律和表现等品质的含量不同，以及知识的层次和概念范畴的位阶不同，所具有的势能和位能不同，从而形成的'势位'差异。这使得不同价值观念的吸引力、凝聚力、辐射力、渗透力、影响力及标矢功能等方面存在差异。这种差异推动价值观念由'高势位'向'低势位'流动，影响和改变'低

---

① 罗尔斯认为达成共识不可依靠某一种普遍完备性学说，也不能凭借强大的社会政治力量来迫使他人认同。共识只限于政治正义方面的重叠共识，它是各种完备性学说共同认可的政治观念。罗尔斯以"原初状态"与"无知之幕"为假设前提，运作公共理性，借助"回避方法"达到对政治正义观念的认同。

② 按照哲学解释学的理解，价值差异现象的存在既与人们的历史差异有关，也与对历史理解的差异相关。不同价值传统展开的是一个由前判断体系构成的视域，任何视域都是打开的、流变的，因而就产生了一种视域融合的现象。视域融合不是同一化或均质化，而是通过差异性的交互作用超越最初各视域的成见，向着更高的普遍性提升，形成一个你我交融的全新视域，这个全新的视域就可理解为价值共识。

势位'价值观念,这个趋势最终无法人为地阻挡。"① 按照这一观点,主流意识形态与社会思潮即存在一定的"势位差",处于"高势位"的主流意识形态势必会对处于"低势位"的社会思潮造成一定程度的影响。那势位的高低又是如何形成的? 根本原因在于价值流变的过程。社会思潮的产生过程就是价值流变的过程,从思想到社会思潮,经历了由个体思想到理论升华再到大众传播等不断检验、修复与完善的过程,一旦理论实现大众化,社会思潮就得以形成;而当社会思潮掌握在执政者手中,并被赋予政治正义的价值时,社会思潮就转变为主流意识形态。因此,人民的政党自然也就赋予主流意识形态以人民的力量,而这种力量又反过来助推其掌握群众并因此引领社会思潮。这充分说明了社会思潮具有可引领性,"各种社会思潮在占统治地位的意识形态或者说核心价值体系的主导、引领及其制度管理的规范下,其传播方式、发展方向、社会功能等受到制约,朝着核心价值体系确立的方向转化和流变"②。这就是价值观念高势位引领社会思潮的基本理论逻辑。

马克思曾断言:"批判的武器当然不能代替武器的批判,物质力量只能用物质力量来摧毁;但是理论一经掌握群众,也会变成物质力量。理论只要说服人,就能掌握群众;而理论只要彻底,就能说服人。所谓彻底,就是抓住事物的根本。而人的根本就是人本身。"③ 理论越彻底,就越能掌握群众,在此基础上发展起来的价值观念就会处于更高的势位,从而引领社会思潮。理论的彻底性与其人民性密切相关。社会主义核心价值观在马克思主义的指导下充分体现了人民性,处于天然的价值高势位状态,对社会思潮具有明显的引领优势。从社会思潮的视角来看,尽管其已经在某种程度上有了一定的群众基础,影响到一些人的价值态度与价值选择,但部分社会思潮并没有深厚的学术思想作为支撑,在价值根源上很容易消解其负面影响;而对于一些具有理论支撑的社会思潮,体系化的理论建构带

---

① 陈秉公:《论社会主义核心价值观"高势位"培育和践行的规律性》,《思想理论教育》2014 年第 2 期。
② 梅荣政:《用马克思主义引领社会思潮》,武汉大学出版社,2008,第 64 页。
③ 《马克思恩格斯选集》第 1 卷,人民出版社,2012,第 9 ~ 10 页。

来了更为深刻的社会影响，引领的本质在于如何用社会主义核心价值观的彻底性理论进行回应，并在社会现实中充分彰显优越性，有理有据地说服，进而在现实中将群众感召在主流意识形态的引领中。

习近平总书记强调："历史和现实都表明，核心价值观是一个国家的重要稳定器，能否构建具有强大感召力的核心价值观，关系社会和谐稳定，关系国家长治久安。"① 因此，社会主义核心价值观对社会思潮的引领既是其理论彻底性带来的价值自觉，也是意识形态工作的必然要求，如何进行有效的高势位引领是意识形态工作必须面对的现实问题。社会思潮属于一种特有的社会意识，由社会存在所决定，对社会思潮的引领应将着力点放在如何解决人民群众面临的实际问题上，这也是增强主流意识形态彻底性的关键所在。马克思在《〈政治经济学批判〉序言》中提出："物质生活的生产方式制约着整个社会生活、政治生活和精神生活的过程。不是人们的意识决定人们的存在，相反，是人们的社会存在决定人们的意识。"② 我国正向社会主义现代化强国迈进，改革开放的深水区遍布着难以解决的现实问题，这些问题的存在成为社会思潮流向群众的契机，也是社会思潮得以形成的关键。社会主义核心价值观对社会思潮的高势位引领，需要在提升解决能力上下功夫。针对住房、教育、医疗、就业等大众关注的民生问题与贫富差距、腐败等社会主义发展面临的阶段性问题找到发力点，在解决问题的过程中彰显社会主义核心价值观的人民性，从根本上满足群众的现实需求，在掌握群众本身的过程中凸显社会主义核心价值观的理论彻底性与说服力，旗帜鲜明地对错误思潮亮剑发声，以社会主义核心价值观的高势位引领社会思潮、达成价值共识。

三　维护文化安全

文化安全至少面临着两种挑战：一是文化自身的价值能否被认同与传播传承，二是异质文化与自身的冲突与对抗。文化安全作为一种客观存在

---

① 习近平：《把培育和弘扬社会主义核心价值观作为凝魂聚气强基固本的基础工程》，《人民日报》2014年2月26日。
② 《马克思恩格斯选集》第1卷，人民出版社，2012，第2页。

的文化现象自古就有，一般来说，涉及国家安全的斗争有两种类型：一是军事战争或政治争斗，二是文化或信息领域的和平演变。前者以物质力量摧毁国家建立的物质形态，而后者尤其是文化斗争则以无声的方式对国民的思想、精神进行瓦解，从而达到摧毁精神家园的目的。因此，文化安全对于一个国家的发展与存在至关重要，维护文化安全需要从文化的内核中探寻最本质的精神力量。价值观是文化的灵魂，社会主义核心价值观作为我国文化软实力的关键是维护我国文化安全的保障。

文化安全是我国在发展中面临的新命题，同时也是近现代以来长期制约国家发展与民族振兴的重要因素。2014 年，习近平主持召开中央国家安全委员会第一次会议时提出总体国家安全观的理念，强调要"既重视传统安全，又重视非传统安全，构建集政治安全、国土安全、军事安全、经济安全、文化安全、社会安全、科技安全、信息安全、生态安全、资源安全、核安全等于一体的国家安全体系"①。总体国家安全观首次将文化安全纳入国家安全范畴，并强调为走出一条中国特色国家安全道路提供保障。新时代中国的国家安全，面临的最大威胁已经不是外敌入侵带来的国土安全、军事安全，也并非内部的政治动乱和社会不稳定因素带来的政治安全、社会安全，且政治、经济、军事等方面的安全是可预期的，同时中国目前也有实力消解这些层面的安全问题。在传统安全领域向非传统安全领域蔓延的过程中，影响国家安全的物质因素也开始向文化冲突延伸，文化的不安全状态是当前我国面临的较为紧要的国家安全问题。纵观近现代以来中国国家安全的发展历程不难发现，无论是王朝的灭亡与新制度的确立，还是社会主义的发展与民族的复兴，文化安全始终是国家安全最为根本的要素。

习近平总书记提出："价值观念在一定社会的文化中是起中轴作用的，文化的影响力首先是价值观念的影响力。世界上各种文化之争，本质上是价值观念之争，也是人心之争、意识形态之争，正所谓'一时之强弱在

---

① 《习近平谈治国理政》，外文出版社，2014，第 201 页。

力，千古之胜负在理'。首先要打好价值观念之争这场硬仗。"[①] 因此，社会主义核心价值观的影响力是中国特色社会主义先进文化影响力的根本要素，中西文化冲突在根本上是价值观念的冲突，维护文化安全也就是社会主义核心价值观发挥文化中轴作用和影响力的过程。这一过程的关键在于中西方文化共处世界之中时，哪方国民对己方的文化价值认同度高，对他方的文化价值认同度低，如果出现失衡，则文化的国民性将衰减，甚至有可能在冲突中消散。一旦民族文化消失，则文化危机也就成为精神危机乃至民族生存的危机，文化安全是民族自身生存和发展的安全。从这个意义上来说，社会主义核心价值观包含着中华民族的精神基因，是民族精神独立性的根本。在维护文化安全这一问题上，社会主义核心价值观作为评判生产生活实践的价值标准，是中国人民价值认同的"最大公约数"和维护文化安全的强大精神支撑。显然，社会主义核心价值观已经成为一种文化软实力，并可以消解来自文化安全方面的种种问题。

文化软实力，源自美国学者约瑟夫·奈提出的"软实力"一词，他提出了行使权力的两种方式："一是直接或命令式方式，可以被称为硬性命令式权力行为；另一种是非直接的权力行使方式，可称为同化式的权力行为或软实力。"[②] 这里的"软实力"是指一国的文化、政治价值观、外交政策等影响自身发展潜力的因素，具体表现为对他国的吸引力、影响力和渗透力，与经济实力和军事实力等"硬实力"概念相对应。中国学者普遍认为软实力是一种非物质的、无形的力量，会产生影响力和感召力。随着学术界对于软实力研究的不断深入，"软实力"也开始获得官方的认可与应用，最初多出现在媒体关于国际关系、经济和文化建设的各种报道文章中，习近平也曾指出："进一步发挥浙江的人文优势，积极推进科教兴省、人才强省，加快建设文化大省。切实加强社会主义精神文明建设，大力弘扬和发展'浙江精神'，深化文化体制改革，推动文化与经济的相互交融，不断增强构成浙江综合竞争力的软实力，促进人的全面发展

[①]　《习近平关于社会主义文化建设论述摘编》，中央文献出版社，2017，第105页。
[②]　〔美〕约瑟夫·奈：《美国定能领导世界吗》，何小东、盖玉云等译，军事译文出版社，1992，第25页。

和社会全面进步。"① 党的十八大报告把"文化软实力显著提高"列为全面建成小康社会的五个必要条件之一。党的十八届三中全会则进一步强调，要"建设社会主义文化强国，增强国家文化软实力"。习近平总书记多次就"提高国家文化软实力"发表重要讲话。事实上，作为一个舶来概念，软实力具有较强的西方霸权话语的意味，也就是用好"软"的"力量"，从而形成"征服人的思想和心灵"的能力。"soft power"一词阐释的关键不在"软硬"的区别，而是在"实力"之争。在用软实力描述中国问题的演进中，经过寻找适配性话语，中国学者对重新进行了界定，规避了约瑟夫·奈原有表述中的扩张性和侵略性，应和了中国传统文化中"和谐"与"内敛"的诉求。加入"文化"的概念，将这一问题设定在一定范畴之内，规避制度、意识形态以及价值观念的中西方冲突，逐步转向了以文化软实力为主体的内容结构。"文化的灵魂是什么，就是凝结在文化之中、决定着文化质的规定和方向的最深层的要素，就是核心价值观。有什么样的价值观，就有什么样的文化立场、文化取向、文化选择。讲软实力、文化力，从根本上取决于核心价值观的生命力、凝聚力。"② 毋庸置疑，社会主义核心价值观是文化软实力的重要组成部分，正因如此，维护文化安全是社会主义核心价值观的固有属性。

作为文化软实力的社会主义核心价值观在维护文化安全的过程中起了核心作用。一方面作为文化的核心，社会主义核心价值观的价值灵魂功能催生了促进国家内部动员力的非物化因素，同时占据高势位也使其在国际社会拥有天然的吸引力。这种国内动员力与国际吸引力是获得价值认同的关键，也是维护文化安全的必要元素。作为维护文化安全的核心，社会主义核心价值观的国内动员力主要表现为对传统文化的传承力与国家制度的发展力，国际吸引力主要指文化交流中的传播力以及应对外来文化的兼容力。社会主义核心价值的传承力体现为中国优秀传统文化赋予的民族基因

---

① 习近平：《干在实处　走在前列——推进浙江新发展的思考与实践》，中共中央党校出版社，2016，第73页。

② 云杉：《文化自觉 文化自信 文化自强——对繁荣发展中国特色社会主义文化的思考》（下），《红旗文稿》2010年第17期。

与民族精神，接续不断的文化血脉为社会主义核心价值观提供了源源不断的精神动力，为维护文化安全注入了文化基因，以强大的根脉保障文化交流，使国民内心的价值观念不被轻易消解。社会主义核心价值观的发展力源于社会主义制度的优越性，在中国特色社会主义道路上生成的社会主义核心价值观所具有的时代特色即是如此，先进的制度模式、治理方式背后所体现的价值观念在维护文化安全时表现出的文化自信与价值自信，使中西文化在国民内心碰撞时能够以科学的马克思主义指导思想和深厚的理论基础占据价值优势，以至形成文化交流而非价值渗透。社会主义核心价值观的兼容力主要体现在中西文化交流碰撞时，其倡导的民主、自由、平等、公正、法治等价值观念与西方的自由、平等等观念相比从根本上进行了扬弃，以符合人类发展的理论基础为支撑，体现出更高的价值追求，因此更容易在实现价值认同的基础上维护文化安全。社会主义核心价值观的传播力是我们目前的短板，需要在肩负大国责任的同时展现国家形象与国民精神风貌，促进维护文化安全的模式由被动防守向主动交流转变。总之，社会主义核心价值观通过传承力、发展力、兼容力与传播力，来凝聚国内动员力与国际吸引力，以此彰显文化软实力，维护文化安全。

维护文化安全需要有一定的实力保障，社会主义核心价值观维护文化安全则需要充分发挥其文化软实力作用，通过培育构建国民的价值心理防线，开辟价值认同的通道，提升中国价值观念的国际吸引力与影响力。习近平总书记强调："我国正处在大发展大变革大调整时期，国际国内形势的深刻变化使我国意识形态领域面临着空前复杂的情况，各种思想文化相互激荡，不同文明交流交融交锋更加频繁，进一步凸显了思想文化力量在综合国力竞争中的战略地位。在这样的情况下，如何提高整合社会思想文化和价值观念的能力，扩大主流价值观念的影响力，掌握价值观念领域的主动权、主导权、话语权，是我们必须解决好的重大课题。"① 从一定意义上说，社会主义核心价值观只有通过"走出去"，展

---

① 《习近平关于社会主义文化建设论述摘编》，中央文献出版社，2017，第107页。

示中国形象，传播中国声音，才能更好地维护国家文化安全。而在现实中需要面对的是，社会主义核心价值观在国内的培育虽有推进，但成效尚不显著，毕竟价值观的培育需要一个长期的过程而非一朝一夕就能完成的。当不同的价值观念沿着全球化通道在国内流通时，我们不能也无法以阻挡的姿态去面对，社会主义核心价值观在国内发挥动员力的基础上，也只有通过"走出去"的方式才能完成国际吸引力的发挥。在此前提下，社会主义核心价值观的对外传播与国内培育同等重要。回到社会主义核心价值观本身，作为中国文化的内核与意识形态的本质表达，其在全球范围的交流与碰撞，是促进自身发展创新、增强吸引力与影响力的必然要求。因此，社会主义核心价值观维护文化安全的路径是在把握对内培育与对外传播的关系中确立的。

一是维护历史传统与时代精神的统一。维护文化安全需重点关注对文化根脉的保护，一旦失去传统文化就没有了发展的根基，其生命力也不会长久。因此，要注重对传统文化的发扬，同时警惕外来文化对中华优秀传统文化的消解。这里涉及对传统文化中精华部分的吸收与糟粕部分的剔除，防止以糟粕文化全面否定传统文化。维护历史传统就是继承传统文化至今中国精神的基因与中国价值的根脉，将中华文明发扬光大，将社会主义核心价值观根植的文化血脉转化为整合国民价值共识的关键力量。在发挥传统文化作用的同时，也不能忽视时代精神的价值力量。一方面要对传统文化进行创造性转化与创新性发展，使其彰显时代魅力；另一方面要立足时代充分挖掘中国价值与中国精神的时代表达，凝练社会主义现代化进程中的时代精神，并通过时代精神唤起国民的集体意识。历史传统中民族精神与时代精神的统一，可以形成强大的民族凝聚力、动员力与感召力，充分彰显中国的文化软实力。坚持历史传统与时代精神的统一，就是以社会主义核心价值观为核心促进民族精神与时代精神相统一，通过将文化中的核心价值观念转化为精神力量，形成维护文化安全的文化软实力。

二是维护物质产品与精神内容的统一。在现实生活中，物质产品与精神产品时刻影响着我们的价值观念，作为社会主义核心价值观的重要载体，它们也通过自身的作用维护文化安全。比如，作为精神产品的书籍、电影等，虽具有物质产品的形态却具有精神文化价值，社会主义核心价值观的载体通常属于此类产品。因此，我们要将更多的注意力放在通过精神产品维护文化安全的路径上来。一方面，创作传播社会主义核心价值观的文化产品并赋予其精神产品的形态，以此在社会层面进行价值观念的传递；另一方面，审视国外进入国内的精神产品，严把入口关防止意识形态的输入。然而，在万物互联互通的时代，仅凭精神产品已然不可能维护文化安全，物质产品的精神力量如何发挥成为关键。因此，需要探索物质产品的深层次文化根源并赋予其必要的文化属性，以此作为社会主义核心价值观维护文化安全的物质载体。要关注精神产品的物质载体，更要挖掘物质产品的精神内容，通过物质产品与精神内容的统一发挥社会主义核心价值观维护文化安全的作用。

三是维护民族文化与世界文化的统一。在中外文化交流的过程中，必然存在民族文化与世界文化的碰撞，尤其是在"文化走出去"的战略前提下，如何确保社会主义核心价值观对外传播既保持民族性又兼容世界性，是维护文化安全必然要面对的问题。在这里需要明确一个前提，世界文化由各国各民族文化组成，本身就具有民族性；同时，民族文化能传承发展至今，既具有文化的普遍性，也在文化交流的过程中吸收了其他民族文化的长处，从而具有了世界性，即文化本身就是世界性与民族性的统一。在这一前提下，社会主义核心价值观作为民族文化的价值内核，其世界性需要在对外传播的过程中进一步彰显，同时要从其他国家的文化中吸纳有益的成分，确保文化民族性不被冲击的同时又能传播中国的价值观念，展现社会主义先进文化的兼容力。因此，社会主义核心价值观维护文化安全的本质在于不能仅仅坚守民族性而故步自封，也不能盲目迷信世界文化而忽略民族性，需要坚定文化自信的立场，不忘本来、吸收外来、面向未来，构筑文化安全防线，以一种自信的心态"走出去"，不断与世界文化交流交融，去粗取精、去伪存真，使民族文化与世界文化有机统一起来，以维护文化安全为基础建设社会主义文化强国。

第二章 社会主义核心价值观的文化渊源

价值观是文化的精神内核，决定了文化的基本属性和发展方向。一个国家的核心价值观不是社会各类群体价值观念的总和，而是与国家民族的历史文化相契合、与实际社会问题相适应、与国民精神状态相结合。社会主义核心价值观具备天然的文化属性，作为一种文化本质的存在，其生成和培育传承着中华优秀传统文化的基因，在社会主义革命、建设和改革开放的历史实践中，代表着国家民族的价值旨趣，引领人民建构出具有时代特征的精神家园。就发展脉络而言，它根植于中华优秀传统文化，在革命文化中滋养涵育，在基于传统与现代的文化基因中具有独特的优势；同时与社会主义先进文化有机统一，体现了社会主义意识形态的总体要求。因此，研究社会主义核心价值观之文化渊源的目的在于它是不同文化形态的灵魂与精髓，既有传统文化基因所具备的民族凝聚力，又有革命文化所具有的感召力，同时兼具先进文化赋予的行动力。

第一节 中华优秀传统文化的民族性基因

中华优秀传统文化反映了中华民族丰富的精神世界，充分体现了民族文化的多元性、民族品格的一致性和民族精神的传承性，是社会主义核心价值观的文化根源。具体来说，中华优秀传统文化是社会主义核心价值观的思想文化根脉、民族品格纽带与精神价值支柱，也是其民族性基因的核心体现。

一 社会主义核心价值观的思想文化根脉

传承和发扬中华优秀传统文化构成了中华民族走向复兴的历史根基，

中国传统文化中蕴含着以爱国主义为核心的团结统一、爱好和平、勤劳勇敢、自强不息的伟大民族精神，成就了中华民族历经数千年而不辍的辉煌历史，同时也是中华民族继往开来、不断焕发新活力的支撑。中华文明作为世界古文明中唯一没有中断、传承至今的伟大文明，孕育出了中华优秀传统文化，其中具有血脉延续作用的是文化所包含的价值思想，体现着中华民族最深沉的精神追求。中华优秀传统文化蕴含着极其丰富的思想文化资源，社会主义核心价值观从此渊源中汲取精华，传承古老文明思想价值的同时，在新时代也以强大的文化力量彰显了其民族品格。纵观中华优秀传统文化的形成和发展过程不难发现，其核心思想是在不断融合中形成、发展、稳固的。春秋战国时期百家争鸣，产生了儒、法、道、墨、兵、杂等多家思想流派，其中以孔子为代表的儒家思想对中华文明产生了深刻影响，并在两汉时期经董仲舒的发扬成为我国封建社会的主导思想。隋唐时期儒释道并立的融汇调和，使儒学得到进一步发展。随后，程朱理学和陆王心学兴起，中华传统文化不断发展与重构。时至今日，中华优秀传统文化中的思想文化资源不断被融入治国理政的理论与实践之中。

中华优秀传统文化中的思想文化资源对于社会主义核心价值观的凝练来说具有重要意义，发挥着文化根脉的滋养作用，是社会主义核心价值观的文化基因。无论是"大道之行，天下为公"的社会理想，还是"修身、齐家、治国、平天下"的人生追求，无论是以民为本、安民富民乐民的思想，还是为政以德、政者正也的理念，无论是经世致用的观念，还是知行合一的遵循，对于社会主义核心价值观来说，都有着一脉相承的寻根意蕴。社会主义核心价值观的"三个倡导"是一种极具凝练性的表达，在国家、社会、个人三个层面都蕴含着传统文化的基因。比如，在国家层面，"富强、民主、文明、和谐"是社会主义现代化国家的建设目标，在传统文化资源中亦有对富强内涵的阐释："主之所以为功者，富强也。"也有对实现富强的主张："孝公用商鞅之法，移风易俗，民以殷盛，国以富强，百姓乐用，诸侯亲服。"还有对"富也者福""强不犯弱"等处理各方关系的表达。传统文化中"民惟邦本""政得其民"等民本思想，是社会主义核心价值观民主价值追求的重要思想源头。仅以富强、民主为例可见，中华优秀传统文化为社会主义核心价值观提供了丰富的思想文化资源，在此不再从词语分析的角度——举例。这种民族性的思想文化基因，对社会主义核心价值观而言是思想基础。根植于中华优秀传统文化基因之中的社会主义核心价值观，与传统思想文化具有内在关联，这也是社会主义核心价值观民族性基因的现代表达。"历史文化资源本身也通常是良莠兼具的，并没有绝对优秀的或绝对糟粕的，只是优秀或糟粕的程度差异而已。因此，我们不能指望从历史文化资源中挑出纯粹优秀的内容来继承，而只能以批判的态度吸取其精华剔除其糟粕，以达到'古为今用'的目的。"①从某种意义上说，社会主义核心价值观是对中华优秀传统文化的批判性继承与创新性发展，甚至扬弃了部分难以与时俱进的内容，并赋予传统文化以新的内涵。这是在传统与现代的辩证关系中定位社会主义核心价值观的本质属性，也是所有文化价值观应有的基本内涵。只有根植于中华优秀传统文化，社会主义核心价值观才能拥有生命力和影响力，成为继承和发展中华优秀传统文化必要的价值载体。因此，无论从应然层面还是实然层面，中华优秀传统文化对社会主义核心价值观而言都是土壤之于树木的关系，赋予其思想文化的根脉，为中华民族屹立于世界民族之林提供了价值文化的源泉。

二 社会主义核心价值观的民族品格纽带

中华优秀传统文化是中华民族的"根"与"魂"，孕育了道德文化，反映了中华民族最深层次的精神追求，体现了民族品格具有的生命力、凝聚力和感召力，并以其独特的道德文化传承为社会主义核心价值观提供了强劲有力的支撑，影响着当代中国人的价值序列与行为方式。正如习近平总书记所强调的，中华优秀传统文化已经成为中华民族的基因，植根在国人内心，潜移默化地影响着其思想方式和行为方式。②道德文化作为中华优秀传统文化的精神命脉，一直引导人们追求崇德向善的理想境界。中华

---

① 江畅、张景：《当代中国价值观源流探析》，《山东社会科学》2015 年第 2 期。
② 《习近平谈治国理政》，外文出版社，2014，第 170 页。

优秀传统文化所强调的"大道之行也，天下为公"的价值理念，人们要遵循的"止于至善"的境界，"兼善天下""利济苍生""修身齐家治国平天下"等流传至今的思想观念，"做君子、成圣贤"等道德文化观念，孔孟等思想家所倡导的修身、仁爱、好学、友善等日常行为价值理念，时至今日依然具有指导意义。具体来说，儒家文化主张"仁爱"，孔子提出的"己所不欲，勿施于人""己欲立而立人，己欲达而达人"以换位思考的立场看待问题，体现了友善的品格；《礼记·学记》中提到的"敬业乐群"、《论语》中记载的"执事敬""事思敬""修己以敬""敬其事而后其食"、《朱子语类》提到的"'敬'字工夫，乃是圣门第一义"等无一不是对敬业的阐释；诚信更是传承至今的高尚道德品格，无论是孔子所言的"言必行，行必果"，还是广为流传的"一言九鼎""一诺千金""一言既出驷马难追"，都是诚信品格在传统文化中的具体体现。总之，思想道德文化是中华优秀传统文化的重要组成部分，在"德"的层面形成了价值传承的重要载体，为社会主义核心价值观提供了民族品格的有力支撑。

社会主义核心价值观是"德"的重要表达。习近平总书记强调："核心价值观，其实就是一种德，既是个人的德，也是一种大德，就是国家的德、社会的德。"① 可见，社会主义核心价值观与道德文化具有高度一致性。道德本身具有一定的价值性，而价值观也体现着鲜明的道德性，社会主义核心价值观作为道德与价值深度统一的结合体，表现出超越本体的价值与意义，从不同层面体现着国家的大德、社会的公德和公民的私德。习近平总书记曾指出："在核心价值体系和核心价值观中，道德价值具有十分重要的作用。国无德不兴，人无德不立。一个民族、一个人能不能把握自己，很大程度上取决于道德价值。如果我们的人民不能坚持在我国大地上形成和发展起来的道德价值，而不加区分、盲目地成为西方道德价值的应声虫，那就真正要提出我们的国家和民族会不会失去自己的精神独立性的问题了。如果没有自己的精神独立性，那政治、思

---

① 《习近平谈治国理政》，外文出版社，2014，第 168 页。

想、文化、制度等方面的独立性就会被釜底抽薪。"① 因此，旗帜鲜明地倡导社会主义核心价值观，就是从道德文化和道德价值层面确保民族品格的独立与延续。"一个人只有明大德、守公德、严私德，其才方能用得其所"②，"构建社会主义和谐社会，需要有鲜明的社会价值导向，以此引领和保证全体人民有共同的道德遵循，整个社会有稳定的内在秩序"③，无论是个体层面还是社会层面，社会主义核心价值观所根植的道德文化都发挥了重要作用，这是个人之"德"与国家大"德"的统一，社会主义核心价值观所具有的道德属性在理论建构与实践运行中都是一种必然结果。

习近平总书记指出："核心价值观是一个民族赖以维系的精神纽带，是一个国家共同的思想道德基础。"④ 社会主义核心价值观作为道德的本质属性源于传统又超越传统，在互通共融中形成了现代与传统之间的道德纽带。在中华优秀传统文化的滋养下，社会主义核心价值观与新时代中国的发展实际紧密结合，将传统文化中的道德理念转化为符合时代要求的最新表达，成为根植传统又超越传统的新的文化样态，具有新的时代内涵与价值。无论是道家倡导的"道法自然"、法家强调的"抱法处势"，还是儒家追求的"仁者爱人"，都充分体现出中华优秀传统文化的"德"，这些都是社会主义核心价值观的道德文化根源。具体而言，中华优秀传统文化中的"民以殷盛，国以富强""民惟邦本""和而不同""协和万邦"等思想与社会主义核心价值观所倡导的"富强、民主、文明、和谐"的国家价值目标相统一；"志于道，据于德，依于仁，游于艺""不患寡而患不均""大道之行，天下为公""君臣上下贵贱皆从法，此谓为大治"等思想对社会主义核心价值观所倡导的"自由、平等、公正、法治"的社会价值取向具有重要启发意义；"修身齐家治国平天下""业精于勤，

---

① 《习近平关于全面深化改革论述摘编》，中央文献出版社，2014，第88页。
② 《习近平谈治国理政》，外文出版社，2014，第173页。
③ 习近平：《干在实处 走在前列——推进浙江新发展的思考与实践》，中共中央党校出版社，2016，第300页。
④ 习近平：《在文艺工作座谈会上的讲话》，人民出版社，2015，第22页。

荒于嬉""人而无信，不知其可也""老吾老以及人之老，幼吾幼以及人之幼"等思想与社会主义核心价值观所倡导的"爱国、敬业、诚信、友善"的公民价值准则具有高度的适应性。可以说，这些具有民族品格的思想理念，已经成为连接传统文化与时代文明的价值链条，促进了社会主义核心价值观与传统文化的互通互融，为新时代的中国寻求价值观的"最大公约数"提供了有力支点，在道德维度为社会主义核心价值观提供了文化根基。

三　社会主义核心价值观的精神价值支柱

改革开放以来，随着市场经济的不断发展，中国的物质文明跨越式推进，国家、社会与公民都需要更高层面的精神文明准则来凝聚价值共识。社会主义核心价值观就是在中国特色社会主义进入新时代的关键节点所提出的，成为新时代价值期待、价值导向和价值认同的统一体。凝练和培育社会主义核心价值观，必须立足传统文化，其中最关键的就是从传统文化中汲取中华民族的精神力量，尤其在优秀传统文化中寻求精神家园与精神支持。习近平总书记指出："中华文明源远流长，蕴育了中华民族的宝贵精神品格，培育了中国人民的崇高价值追求。自强不息、厚德载物的思想，支撑着中华民族生生不息、薪火相传。"① 也就是说，优秀传统文化孕育着民族精神。在我国的历史发展中，民族精神集中反映了不同地域、不同民族、不同时代的价值观念和生活方式，在本质上体现出中华优秀传统文化的特质，是中华民族和中华文明绵延至今的基因血脉和精神支撑，是新时代文化发展繁荣的灵魂所在。因此，当现代社会的精神文明面临着新的考验时，必须从文化根源中回溯，以根植于民族基因的精神支持寻求本源性的价值导向。习近平总书记指出："一个民族的文明进步，一个国家的发展壮大，需要一代又一代人接力努力，需要很多力量来推动，核心价值观是其中最持久最深沉的力量。"② 这种力量以传统文化中的民族精

① 《习近平谈治国理政》，外文出版社，2014，第158页。
② 《习近平谈治国理政》，外文出版社，2014，第180页。

神为价值支撑，是社会主义核心价值观转化为国家、社会、个人精神源泉的不竭动力。

习近平总书记指出："优秀传统文化是一个国家、一个民族传承和发展的根本，如果丢掉了，就割断了精神命脉。"① 在传统文化中，"穷则独善其身，达则兼济天下"的生活境界，"人法地，地法天，天法道，道法自然"的协调理念，"为天地立心，为生民立命，为往圣继绝学，为万世开太平"的理想追求，"敏而好学""见贤思齐""见义勇为""三省吾身""乐善好施""君子慎独"的修身之方，"兄友弟恭""百善孝为先""天下之本在国，国之本在家，家之本在身"的齐家之道，"民惟邦本，本固邦宁""治国之道，必先富民""民为贵，社稷次之，君为轻"的理政之道，"天下为公""世界大同""推己谓恕"的经世方略，"见利思义""仁义礼智信"的基本价值，"苟日新，日日新，又日新"的革新精神等赋予中华民族生生不息的生命力，并在新时代散发着独特的魅力。社会主义核心价值观在精神内核上传承了优秀传统文化的内在价值，并赋予其具有时代特色的价值表征，是在精神价值层面的传承与升华。习近平总书记提出："像这样的思想和理念，不论过去还是现在，都有其鲜明的民族特色，都有其永不褪色的时代价值。这些思想和理念，既随着时间推移和时代变迁而不断与时俱进，又有其自身的连续性和稳定性。我们生而为中国人，最根本的是我们有中国人的独特精神世界，有百姓日用而不觉的价值观。我们提倡的社会主义核心价值观，就充分体现了对中华优秀传统文化的传承和升华。"② 传统文化的精神基因在新时代建构出符合时代要求、具有时代特色的价值导向，成为当前中国发展的强大动力。也就是说，优秀传统文化的精神价值对社会主义核心价值观的形成和培育具有决定性作用，为构筑新时代国家的精神指引提供了原动力。

中华优秀传统文化为社会主义核心价值观提供了精神家园和价值支撑，这是中华民族几千年来传承至今的文化认同，这种认同构建了中华民

---

① 《习近平谈治国理政》第 2 卷，外文出版社，2017，第 313 页。
② 习近平：《青年要自觉践行社会主义核心价值观——在北京大学师生座谈会上的讲话》，人民出版社，2014，第 7~8 页。

族的集体记忆，表现出坚定而持久的凝聚力与向心力，如同基因一样成为一种决定性因素，在民族文化发展遇到问题时能够对民众的文化认同进行集体召唤，具有不可替代的价值导向与价值认同作用。比如，春节作为一种传统节日，具有深厚的文化底蕴与鲜明的文化特色，尽管随着时代的发展春节习俗不断变化，但其文化本质并未随着形式的改变而改变，春节对中国家庭的凝聚力、对民众家国情怀的激发力一直存在。这种文化基因深深刻在中国人的内心深处，在时代变迁中延续了精神价值，保留了优秀传统文化中的历史性、稳定性因素，最后演变为中国人的精神家园。当现代文化尤其是外来文化给人们的精神世界带来诸多困扰时，优秀传统文化恰恰能穿越时空迸发出强大的精神力量，给人们以精神支撑。人们可以从"修身、齐家、治国、平天下"的人生理想中找到方向，可以从"天行健，君子以自强不息"中汲取奋进的力量，"嫦娥""悟空""墨子"作为高端的现代科技成果被赋予传统文化之名时，以最简单直接的方式焕发出巨大的精神力量，召唤着国人内心深处的民族自豪感。以上这些例子都是通过文化认同召唤民族记忆的最好诠释。"无论世界风云如何变幻，中国人民都能坚持其民族精神不坠。"[1] 在某种意义上，优秀传统文化是精神家园的方向，社会主义核心价值观通过中华优秀传统文化的价值支点，与现代文明充分交融，在新时代建构出具有历史意义与时代价值的精神导向，并转化为强大的精神力量，成为中国人民共同的价值取向、精神追求与自觉行动。

第二节　革命文化的历史性涵养

革命文化起源于五四新文化运动，随着中国共产党的成立而萌芽，形成于新民主主义革命时期，并在社会主义革命与建设以及改革开放时期不断发展，成为一种特殊的文化标识与精神符号。作为中国共产党领导中国人民在伟大斗争中构建的特殊文化形态，革命文化的形成与马克思主义中

---

① 〔美〕亨利·基辛格：《论中国》，胡利平等译，中信出版社，2015，第131页。

国化的进程相一致，在革命实践中继承发扬中华优秀传统文化，形成了独特的革命斗争精神价值取向，集中体现了革命年代共产党人和人民群众的精神风范。就社会主义核心价值观而言，革命文化在当时的历史背景下形成了独特的价值元素与精神动力；从国家的发展道路来说，新中国成立的历史主线为社会主义核心价值观提供了培育之本；从理论建构的历史进程来说，马克思主义中国化的历史逻辑为社会主义核心价值观提供了理论之源；从革命奋斗的实践经验来说，中国共产党的奋斗历程为社会主义核心价值观提供了实践之基。从这三个维度来说，革命文化为社会主义核心价值观提供了丰富而又生动的历史性涵养。

一　新中国成立的历史主线是社会主义核心价值观的培育之本

革命文化形成发展于新民主主义革命时期，其形成过程与新中国成立的历史主线吻合，是中国共产党领导中国人民，在新民主主义革命时期形成的革命遗存和风貌、革命精神和传统。近代以来，中华民族被列强欺辱霸凌，坚船利炮一次又一次打开中国大门，中国人民在抗争中失败、在失败中求索，探寻了一条又一条发展道路都未能行得通。中国共产党成立后，以星火燎原之势发展壮大革命队伍，团结带领中国人民推翻了"三座大山"，建立了新中国，开辟了适合中国人民的社会主义道路，并把贫穷落后的旧中国变成日益繁荣富强的新中国。在这个过程中，革命文化不断发展，革命精神赓续绵延，爱国主义的丰富内涵与革命文化同频共振，逐步形成党、国家和社会主义紧密结合的命运共同体。因此，红色文化具有鲜明的意识形态色彩，革命精神成为这个阶段红色文化的主流，也成为这个时期的灵魂，而所谓革命精神，是在中国共产党领导的新民主主义革命的发展历程中，在主动适应新民主主义革命的政治、军事、经济、文化实践中，特别是在中国共产党独立领导的武装斗争中所形成的。它既是中华民族精神的传承与创新，又是中华民族精神的科学升华。① 回望新中国成

---

① 李康平：《马克思主义中国化的重大精神成果——论中国革命精神》，《思想理论教育导刊》2014 年第 10 期。

立的艰难历程可以发现，在特殊历史时期凝聚而成的革命传统与革命精神是中国精神的重要象征，代表着革命文化的主旋律。比较典型的有以革命首创精神为代表的井冈山精神、以革命英雄主义为代表的长征精神、以实事求是为代表的延安精神和以接续奋斗为代表的西柏坡精神等，这些都是在新中国成立的历史主线中生成的。

革命精神贯穿新中国成立的全过程，是新民主主义革命胜利的内生动力，是中国人民推翻帝国主义、封建主义和官僚资本主义当家做主的驱动力。因此，革命文化的形成与民族觉醒的过程相统一，革命文化的发展与民族振兴的过程相一致，革命文化形成的历史与民族崛起的历史相契合，反映了中华民族历史发展的清晰脉络。革命文化的生成发展脉络与新中国成立的历史主线相一致，革命精神与民族精神相辅相成，是国家精神的重要组成部分，是中国文化的历史根基，彰显出独特的价值。社会主义核心价值观就是这种独特价值的形象体现。具体来说，就是新中国成立的历史主线将爱国主义融入民族精神的内涵之中，形成了爱国、爱党、爱社会主义的统一体，这是革命文化交融滋养的结果。爱国是指热爱中国共产党领导下的新中国和走中国特色社会主义道路的中国，正如习近平总书记强调的那样："祖国的命运和党的命运、社会主义的命运是密不可分的。只有坚持爱国和爱党、爱社会主义相统一，爱国主义才是鲜活的、真实的，这是当代中国爱国主义精神最重要的体现。"[①] 在当代中国，爱国是与爱党、爱社会主义联系在一起的，具有统一性，这是爱国主义的本质。社会主义核心价值观最根本的特性之一就是爱国主义。习近平总书记强调："在社会主义核心价值观中，最深层、最根本、最永恒的是爱国主义。"[②] 这是革命文化的精神内核从根本上赋予爱国主义红色基因的时代表达，也是以爱国主义为核心的民族精神的直接反映。以新中国成立的历史主线为背景的革命文化，赋予爱国主义更丰富的内涵，使其成为人们精神上的"压舱石"、思想上的"主心骨"、行动上的"指南针"。因此，新中国成立的历

[①] 《习近平关于社会主义文化建设论述摘编》，中央文献出版社，2017，第 129 页。
[②] 习近平：《在文艺工作座谈会上的讲话》，人民出版社，2015，第 24 页。

史主线为社会主义核心价值观提供了培育之本。

无论是革命文化还是爱国主义，都是社会主义核心价值观的根基所在。基于特有的历史背景，革命文化所包含的理想信念、人生信仰、价值追求等元素为社会主义核心价值观的生成与发展提供了丰富的思想文化资源，不仅包括国家、社会、个人三个层面的价值内容，而且兼具整合功能，作为一个整体集家国情怀、人生理想等价值标准于一体，为社会主义核心价值观注入了红色基因，使其在当代中国依然能够在多元价值的侵袭中保持价值优势，在多元文化的对比中保持民族独立性，为其引领当代价值取向提供了有力支撑。比如，长征精神是革命文化的重要组成部分，也是社会主义核心价值观充分发挥革命文化和革命精神基础性作用的最佳例证。习近平总书记在纪念红军长征胜利八十周年大会上的讲话中指出："人无精神则不立，国无精神则不强。精神是一个民族赖以长久生存的灵魂，唯有精神上达到一定的高度，这个民族才能在历史的洪流中屹立不倒、奋勇向前。伟大长征精神，作为中国共产党人红色基因和精神族谱的重要组成部分，已经深深融入中华民族的血脉和灵魂，成为社会主义核心价值观的丰富滋养，成为鼓舞和激励中国人民不断攻坚克难、从胜利走向胜利的强大精神动力。"[1] 在新中国成立的历史主线中生成、发展的以长征精神等为代表的革命文化，凝聚起以爱国主义为核心的民族精神，为社会主义核心价值观提供了思想来源。

二 马克思主义中国化的历史逻辑是社会主义核心价值观的理论之源

鸦片战争后，中华民族逐步陷入深重的民族危机之中。"中国去向何处"成为摆在国人面前的一个重要命题，无数人在不断探索中国发展之路。从魏源、林则徐的"师夷长技以制夷"到太平天国的"灭妖抗洋"，从戊戌变法到辛亥革命，这一问题都未能从根本上得以解决。"十月革命

---

[1]　习近平：《在纪念红军长征胜利 80 周年大会上的讲话》，人民出版社，2016，第 9 页。

一声炮响，给中国送来了马克思列宁主义。"① 马克思主义与中国工人运动相结合，诞生了中国共产党。中国共产党人把马克思主义的相关理论用于指导中国革命和建设，在实践过程中又促进了革命文化的萌生和发展。马克思主义中国化的发展尤其是第一次飞跃与革命文化的形成过程基本一致，马克思主义中国化的开端事实上是中国革命的起始。中国共产党的早期领导人李大钊、陈独秀等接受马克思列宁主义的熏陶，在中国积极传播马克思列宁主义，并将之应用于中国革命实践。革命初期，因为未能将理论与中国实际充分结合，马克思主义对中国革命的指导遭遇挫折，同时也让党的领导人认识到马克思主义中国化的必要性，从而转换思路，全面系统地总结中国革命的现实问题与基本土壤，逐步形成了符合中国历史现实的、能够科学指导实践的理论、路线、方针和政策。1938 年 10 月，毛泽东在党的六届六中全会上强调："马克思主义的中国化，使之在其每一表现中带着中国的特性，即是说，按照中国的特点去应用它，成为全党亟待了解并亟须解决的问题。"② 这是中国共产党首次明确提出"马克思主义中国化"的核心命题。经过中国革命的一系列实践，马克思主义中国化不断指导中国革命，并逐渐成为理论共识。1945 年，党的七大从理论层面对"马克思主义中国化"做出进一步阐述，明确指出毛泽东思想是"中国化的马克思主义"，正式将之确立为党的指导思想并写入党章。这是马克思主义中国化的第一次历史性飞跃，形成了毛泽东思想的理论成果，是中国共产党既坚持马克思主义又发展马克思主义、形成具有中国特色的马克思主义理论成果的最好诠释。这一历史阶段与中国革命文化的发展深度契合，马克思主义及其中国化的理论成果为中国革命的胜利奠定了坚实的理论基础。从另一视角来看，革命文化是马克思主义中国化的智慧结晶。马克思主义进入中国，成为指导中国革命的重要思想武器，引发了中国社会的重大变革，中国共产党就是在马克思主义立足中国土壤并不断发展之后所成立的。马克思主义与中国革命实践结合，形成了毛泽东思想等理论

---

① 习近平：《在庆祝中国共产党成立 100 周年大会上的讲话》，人民出版社，2021，第 3 页。
② 《建党以来重要文献选编（1921～1949）》第 15 册，中央文献出版社，2011，第 651 页。

成果，对于中国革命夺取胜利而言具有重要意义。革命文化正是在这样的理论形成过程中所不断发展壮大的。也就是说，革命文化的形成根源于马克思主义与中国革命实践的结合，革命文化的精神内核与马克思主义的基本观点、立场、方法是一脉相承的。社会主义核心价值观的性质与方向是由马克思主义所决定的，社会主义核心价值观的生成与发展是坚持以马克思主义为指导的结果，正因如此，革命文化必将为社会主义核心价值观的凝练提供科学的价值支撑。

习近平总书记指出："在人类思想史上，就科学性、真理性、影响力、传播面而言，没有一种思想理论能达到马克思主义的高度，也没有一种学说能像马克思主义那样对世界产生了如此巨大的影响。"① 事实上，在马克思主义中国化的过程中，中国共产党始终以马克思主义为指导，以革命文化为背景与积淀，形成了全心全意为人民服务的根本宗旨，旗帜鲜明地将社会主义核心价值观作为主流价值观和共产党人的行动遵循。作为科学、系统的理论成果，马克思主义中国化直接决定了社会主义核心价值观的性质、内容和功能、作用。马克思主义是社会主义核心价值观的命脉与灵魂，马克思主义中国化是社会主义核心价值观的理论根源。这就直接决定了社会主义核心价值观以马克思主义为指导，其根本属性在于社会主义的意识形态本质。也就是说，社会主义核心价值观是属社会主义的，富强是实现共同富裕的奋斗目标，民主是社会主义全过程民主，法治是社会主义法治，文明是社会主义物质文明和精神文明，这些具有鲜明意识形态属性的价值观念是坚持和发展马克思主义的智慧结晶，即社会主义核心价值观充分体现了马克思主义的立场、观点和方法。"过去的一切运动都是少数人的，或者为少数人谋利益的运动。无产阶级的运动是绝大多数人的，为绝大多数人谋利益的独立的运动。"② 为了无产阶级和广大人民群众的根本利益是马克思和恩格斯对无产阶级人生观、价值观的集中概括，这在社会主义核心价值观中也得到了最充分的体现。社会主义核心价值观是什

---

① 《习近平谈治国理政》第 2 卷，外文出版社，2017，第 65 页。
② 《习近平谈治国理政》第 3 卷，外文出版社，2020，第 529～530 页。

么？为什么提出社会主义核心价值观？如何培育和践行社会主义核心价值观？这些基础性理论问题，都需要从革命文化中找寻答案，需要在马克思主义中国化的进程中探寻理论根源。马克思主义中国化最根本的立场、观点和方法正是社会主义核心价值观生成和凝练、培育和践行的理论基础，也只有通过对马克思主义中国化最根本的立场、观点和方法的坚持、传承、创新，社会主义核心价值观的意识形态属性才得以形成并充分彰显；同时作为一种理论、一项制度和一场实践，马克思主义及其中国化成果都赋予社会主义核心价值观以科学性内涵。在这里还需强调的是，社会主义核心价值观本身就是马克思主义中国化的成果之一，革命文化是其生成的起始性背景，马克思主义中国化的历史进程赋予其本源性的理论基础。综上，马克思主义中国化的历史逻辑为社会主义核心价值观提供了理论之源。

三 中国共产党的历史进程是社会主义核心价值观的实践之基

党的十九大报告指出："不忘初心，方得始终。中国共产党人的初心和使命，就是为中国人民谋幸福，为中华民族谋复兴。这个初心和使命是激励中国共产党人不断前进的根本动力。全党同志一定要永远与人民同呼吸、共命运、心连心，永远把人民对美好生活的向往作为奋斗目标，以永不懈怠的精神状态和一往无前的奋斗姿态，继续朝着实现中华民族伟大复兴的宏伟目标奋勇前进。"[1] 革命文化蕴含着党的初心和使命，中国共产党一百多年奋斗史的开端就是寻找初心和使命的源头。习近平总书记强调："我们党的全部历史都是从中共一大开启的，我们走得再远都不能忘记来时的路……小小红船承载千钧，播下了中国革命的火种，开启了中国共产党的跨世纪航程。"[2] 可以说，"红船精神"是中国革命的精神之源。习近平总书记把"红船精神"概括为：开天辟地、敢为人先的首创精神，

---

[1] 习近平：《决胜全面建成小康社会 夺取新时代中国特色社会主义伟大胜利——在中国共产党第十九次全国代表大会上的报告》，人民出版社，2017，第1页。

[2] 《习近平谈治国理政》第3卷，外文出版社，2020，第497页。

坚定理想、百折不挠的奋斗精神，立党为公、忠诚为民的奉献精神。① 这是革命精神的源头，也是探寻什么是初心使命、如何实现初心使命的价值根源。在"红船精神"的指引下，一代代共产党人战胜种种困难，相继取得革命的伟大胜利与诸多建设成就。一部革命文化的发展史也是中国共产党的奋斗史，在共产党的革命实践中，包括"红船精神"在内的革命精神是共产党人精神品质的集中体现，也是当前所倡导的"不忘初心、牢记使命"的方向指引，正如习近平总书记强调的："我们要永远保持建党时中国共产党人的奋斗精神，永远保持对人民的赤子之心。一切向前走，都不能忘记走过的路；走得再远、走到再光辉的未来，也不能忘记走过的过去，不能忘记为什么出发。"② 中国共产党始终坚持的人民性是初心和使命的根源，也是共产党奋斗史的主线。在中共七大所作的政治报告中，毛泽东指出："全心全意地为人民服务，一刻也不脱离群众；一切从人民的利益出发，而不是从个人或小集团的利益出发；向人民负责和向党的领导机关负责的一致性；这些就是我们的出发点。"③ "共产党人的一切言论行动，必须以合乎最广大人民群众的最大利益，为最广大人民群众所拥护为最高标准。"④ 为人民服务作为党的根本宗旨，反映出共产党人一以贯之的初心和使命，这是革命文化的根源，也是红色基因的精神价值所在。"社会主义核心价值观高度体现了中国共产党人的奋斗目标、历史责任、执政方式和精神追求"⑤，根源就在于中国共产党的人民性充分彰显并传承至今，是社会主义核心价值观的本质特征。

"一百年前，中国共产党的先驱们创建了中国共产党，形成了坚持真理、坚守理想，践行初心、担当使命，不怕牺牲、英勇斗争，对党忠诚、不负人民的伟大建党精神，这是中国共产党的精神之源。"⑥ 从伟大的建党精神中不难发现，中国共产党执政为民的人民性得到充分彰显。

---

① 习近平：《弘扬"红船精神"走在时代前列》，《光明日报》2005 年 6 月 21 日。
② 《习近平谈治国理政》第 2 卷，外文出版社，2017，第 32～33 页。
③ 《毛泽东选集》第 3 卷，人民出版社，1991，第 1094～1095 页。
④ 《毛泽东选集》第 3 卷，人民出版社，1991，第 1096 页。
⑤ 虞云耀：《共产党人与社会主义核心价值观》，《光明日报》2014 年 5 月 7 日。
⑥ 习近平：《在庆祝中国共产党成立 100 周年大会上的讲话》，人民出版社，2021，第 8 页。

红色基因的传承需要在文化载体中把握精神价值，在共产党奋斗实践的革命文化中发挥精神价值的力量，赋予社会主义核心价值观的价值目标、价值导向以及价值实践等以人民性。首先，价值目标的人民性。以社会主义核心价值观国家层面的内容为例，"富强、民主、文明、和谐"一向是共产党奋斗的目标，也是共产党向人民做出的承诺。从建党之日起，共产党就把"由劳动阶级重建国家"写进党的纲领，更是在实践中同人民一道不懈奋斗，并将民族解放、人民幸福作为自己的使命。因此，"富强、民主、文明、和谐"是国家价值目标与民心所向的有机统一，体现了社会主义核心价值观在目标取向上的人民性。其次，价值导向的人民性。以社会主义核心价值观社会层面的内容为例，"自由、平等、公正、法治"是立足社会层面提出的基本价值追求，也是共产党全面践行马克思"人的自由全面发展"思想的生动写照，习近平总书记强调："以史为鉴、开创未来，必须团结带领中国人民不断为美好生活而奋斗。"① 在实践中，中国共产党始终坚持执政为民的理念，践行以人民为中心的发展思想，解决人民群众的"急难愁盼"问题，不断推动人的全面发展。这些价值导向充分体现了与社会主义核心价值观人民性相一致的特征。最后，价值实践的人民性。"爱国、敬业、诚信、友善"，是在公民道德层面提出的行为准则和价值要求，既从道德层面对人民群众提出具体的要求，也更加充分地体现了人民群众是社会主义核心价值观的实践主体。"人民是历史的创造者，是决定党和国家前途命运的根本力量。"② 作为社会主义核心价值观的实践主体，"爱国、敬业、诚信、友善"既是价值旨归，也是人民群众在实践中创造先进文化的基本架构。总之，在革命文化滋养下的社会主义核心价值观，体现了党性和人民性的高度统一，这是人民群众保持思想自觉、政治自觉、行动自觉的基本前提。"江山就是人民、人民就是江山，打江山、守江山，守的是人民的心。中国共产党根

---

① 习近平：《在庆祝中国共产党成立 100 周年大会上的讲话》，人民出版社，2021，第 11 页。

② 习近平：《决胜全面建成小康社会 夺取新时代中国特色社会主义伟大胜利——在中国共产党第十九次全国代表大会上的报告》，人民出版社，2017，第 21 页。

基在人民、血脉在人民、力量在人民。"① 党性明确了社会主义核心价值观的方向，人民性是社会主义核心价值观的动力源泉与实践根基，党性和人民性的一致、统一是培育和践行社会主义核心价值观的内在规定和本质要求，这是党从实践中赋予社会主义核心价值观的发展之基。

第三节　社会主义先进文化的时代性指引

党的十九大报告指出："必须坚持马克思主义，牢固树立共产主义远大理想和中国特色社会主义共同理想，培育和践行社会主义核心价值观，不断增强意识形态领域主导权和话语权，推动中华优秀传统文化创造性转化、创新性发展，继承革命文化，发展社会主义先进文化。"② 社会主义先进文化与中华优秀传统文化、革命文化一脉相承，三者共同构筑了中国的民族精神与时代精神，而社会主义现代文化以其时代特征引领着中华文明的发展方向。社会主义核心价值观是社会主义先进文化的题中应有之义，是社会主义先进文化的价值核心所在。社会主义先进文化为社会主义核心价值观处理好传承与创新、转化与发展、本来与外来的关系提供了方向性指引。

一　引领社会主义核心价值观处理好传承与创新的关系

文化在实践中产生，并随着实践的发展而发展，且文化的发展程度与生产力的发展水平具有一致性。社会主义先进文化是在社会主义建设与改革开放的实践中产生的，与革命文化产生的新民主主义革命时期和中华优秀传统文化产生的历史背景有着本质区别。新中国成立 70 多年来，中国特色社会主义的制度优势充分彰显，中国共产党带领中国人民创造了经济社会高速发展的奇迹，这是社会主义先进文化生成的实践背景。社会主义的发展进步为社会主义先进文化的发展奠定了物质基础、提供了精神能

---

① 习近平：《在庆祝中国共产党成立 100 周年大会上的讲话》，人民出版社，2021，第 11 页。
② 习近平：《决胜全面建成小康社会 夺取新时代中国特色社会主义伟大胜利——在中国共产党第十九次全国代表大会上的报告》，人民出版社，2017，第 23 页。

量，归根结底在于社会主义制度的优越性，制度的先进赋予社会主义先进文化以更大的文化势能，即先进性。当然，社会主义先进文化的先进性并不排斥中华优秀传统文化与革命文化的优势，三者具有血脉传承关系，从中华优秀传统文化与革命文化中传承而来的民族精神为社会主义先进文化提供了强大的发展动力，使其在保持先进性的同时，也吸收了民族文化的精华，三者具有共同的精神脉络、精神特质和精神追求，这种精神层面的关联与贯通集中体现在社会主义核心价值观的内涵与精神实质上。作为社会主义先进文化的精髓，社会主义核心价值观表达了中国特色社会主义制度下国家与人民的精神追求，继承了中华优秀传统文化与革命文化的精神基因。

在传承的过程中，社会主义先进文化以其先进性引领社会主义核心价值观更好地处理传承与创新的关系。"中国特色社会主义文化，源自于中华民族五千多年文明历史所孕育的中华优秀传统文化，熔铸于党领导人民在革命、建设、改革中创造的革命文化和社会主义先进文化，植根于中国特色社会主义伟大实践。"[1] 作为社会主义先进文化的价值表征，社会主义核心价值观源自中华优秀传统文化与革命文化，并赋予自身的价值观念以鲜明的时代特色。习近平总书记指出："我们倡导的富强、民主、文明、和谐，自由、平等、公正、法治，爱国、敬业、诚信、友善的社会主义核心价值观，体现了古圣先贤的思想，体现了仁人志士的夙愿，体现了革命先烈的理想，也寄托着各族人民对美好生活的向往。"[2] 无论是传统文化、革命文化还是社会主义先进文化，"人民对美好生活的向往"作为一种标准成为价值传承的依据。以爱国主义为例，在传统文化与革命文化交互发展时期的五四运动孕育了"爱国、进步、民主、科学"的精神，其中的"爱国"与社会主义核心价值观所倡导的"爱国"具有某种程度上的一致性。但社会主义核心价值观所倡导的爱国主义是与社会主义相统一的，是在传承的过程中进一步丰富了原来的内涵。习近平总书记在北京大学师生

---

[1] 习近平：《决胜全面建成小康社会 夺取新时代中国特色社会主义伟大胜利——在中国共产党第十九次全国代表大会上的报告》，人民出版社，2017，第41页。

[2] 《习近平谈治国理政》，外文出版社，2014，第181页。

座谈会上的讲话中指出："五四精神体现了中国人民和中华民族近代以来追求的先进价值观。爱国、进步、民主、科学，都是我们今天依然应该坚守和践行的核心价值。"① 这里所指的坚守和践行的核心价值，归根结底是一代代中国人对美好生活的追求与向往，是社会主义核心价值观体现传承性的重要依据与准则。社会主义先进文化正因始终坚持人民立场方葆有先进性，也正因如此，才使引领社会主义核心价值观传承民族精神得以实现。

传承不是发展的唯一路径，要在传承的基础上进行创新才能确保社会主义核心价值观具有强大的生命力与感召力。习近平总书记指出："我们要坚持用马克思主义观察时代、解读时代、引领时代，用鲜活丰富的当代中国实践来推动马克思主义发展，用宽广视野吸收人类创造的一切优秀文明成果，坚持在改革中守正出新、不断超越自己，在开放中博采众长、不断完善自己，不断深化对共产党执政规律、社会主义建设规律、人类社会发展规律的认识，不断开辟当代中国马克思主义、21 世纪马克思主义新境界！"② 社会主义先进文化在马克思主义的指导下实现了创新性发展，要结合时代发展的新形势与实践变化的新特点，在解放和发展生产力的基础上，推动社会主义先进文化开辟新局面。在解决社会主义先进文化"从何处来"的理论命题与"向何处去"的实践命题的基础上，为社会主义核心价值观处理好传承与创新的关系提供肥沃的土壤。在此逻辑下，社会主义核心价值观"从何处来"的关键问题就是如何继承传统，"向何处去"的关键问题就是如何创新发展，社会主义先进文化的意识形态性和先进性决定了其引领社会主义核心价值观在传承中创新的可能性。社会主义先进文化是属"社会主义"的，这赋予了其引领社会主义核心价值观"守正"的根本；同时，社会主义先进文化又是先进的，这决定了其引领社会主义核心价值观"创新"的方向。正如习近平总书记在庆祝改革开放40 周年大会上的讲话所强调的："40 年来，我们始终坚持发展社会主义先

① 习近平：《青年要自觉践行社会主义核心价值观——在北京大学师生座谈会上的讲话》，人民出版社，2014，第 3 页。
② 习近平：《在纪念马克思诞辰 200 周年大会上的讲话》，人民出版社，2018，第 27 页。

进文化，加强社会主义精神文明建设，培育和践行社会主义核心价值观，传承和弘扬中华优秀传统文化，坚持以科学理论引路指向，以正确舆论凝心聚力，以先进文化塑造灵魂，以优秀作品鼓舞斗志，爱国主义、集体主义、社会主义精神广为弘扬，时代楷模、英雄模范不断涌现，文化艺术日益繁荣，网信事业快速发展，全民族理想信念和文化自信不断增强，国家文化软实力和中华文化影响力大幅提升。"① 这生动描述了社会主义核心价值观在坚持和发展社会主义先进文化的前提下，不断继承优良传统、实现创新发展的进路。因此，社会主义先进文化引领社会主义核心价值观的传承与创新，重点在于处理好传承什么、怎样传承、如何在传承中创新等问题。

二　引领社会主义核心价值观处理好转化与发展的关系

党的十九大报告指出："发展中国特色社会主义文化，就是以马克思主义为指导，坚守中华文化立场，立足当代中国现实，结合当今时代条件，发展面向现代化、面向世界、面向未来的，民族的科学的大众的社会主义文化，推动社会主义精神文明和物质文明协调发展。要坚持为人民服务、为社会主义服务，坚持百花齐放、百家争鸣，坚持创造性转化、创新性发展，不断铸就中华文化新辉煌。"② 这里提到的创造性转化与创新性发展不仅是面向传统文化，社会主义先进文化同样是在创造性转化与创新性发展的实践中焕发生机活力的。"创造" 就是通过文化载体将文化转化为更能发挥其功能的形态，"创新" 就是通过文化产品将文化演绎为人民喜闻乐见的形式，只有通过创造性转化与创新性发展，社会主义先进文化才能更好地引领前进的方向，从而为社会主义核心价值观的培育与传播打下基础。党的十九届四中全会提出："坚持和完善繁荣发展社会主义先进文化的制度，巩固全体人民团结奋斗的共同思想基础。发展社会主义先进文化、广泛凝聚人民精神力量，是国家治理体系和治理能力现代化的深厚

---

① 习近平：《在庆祝改革开放 40 周年大会上的讲话》，人民出版社，2018，第 13～14 页。
② 习近平：《决胜全面建成小康社会 夺取新时代中国特色社会主义伟大胜利——在中国共产党第十九次全国代表大会上的报告》，人民出版社，2017，第 41 页。

支撑。必须坚定文化自信，牢牢把握社会主义先进文化前进方向，激发全民族文化创造活力，更好构筑中国精神、中国价值、中国力量。"① 由此不难看出，国家已经将社会主义先进文化提升至制度层面，这是从根本上创造性地转化了制度文化的形态，进而激发社会主义先进文化的创新活力。基于此，社会主义核心价值观处理好转化与发展的关系才有了更大空间与更多可能。

社会主义先进文化引领社会主义核心价值观的创造性转化，就是在坚持马克思主义指导地位的基础上，通过制度化建设，促使社会主义核心价值观的培育和践行生活化、常态化。"社会主义核心价值观的根本特性在于其具有社会主义性质，社会主义不管是作为社会形态，还是价值观，抑或是国家制度，都是以马克思主义为指导的。"② 因此，在马克思主义指导下的社会主义核心价值观的创造性转化，就是将培育和践行社会主义核心价值观与开辟马克思主义中国化的新境界相结合，在社会主义先进文化的引领下推进社会主义核心价值观的制度化建设。党的十九届四中全会强调："要坚持马克思主义在意识形态领域指导地位的根本制度，坚持以社会主义核心价值观引领文化建设制度，健全人民文化权益保障制度，完善坚持正确导向的舆论引导工作机制，建立健全把社会效益放在首位、社会效益和经济效益相统一的文化创作生产体制机制。"③ 这里所强调的"以社会主义核心价值观引领文化建设制度"，就是充分运用马克思主义的立场、观点、方法进行转化，在坚持社会主义意识形态主导的同时，立足广大人民群众的价值立场，结合社会生产力的发展水平，通过制度保障、宣传引导、教育引领、实践养成等多种方式将社会主义核心价值内化为国家最持久深层的力量与社会公民最普遍的价值认同，外化为人们的自觉行动。这是培育和践行社会主义核心价值观的基本逻辑，也是社会主义先进

---

① 习近平：《坚持和完善中国特色社会主义制度 推进国家治理体系和治理能力现代化》，《求是》2020 年第 1 期。

② 李继兵、陈顺伟：《社会主义先进文化与社会主义核心价值观建设》，《广西师范学院学报》（哲学社会科学版）2018 年第 1 期。

③ 习近平：《坚持和完善中国特色社会主义制度 推进国家治理体系和治理能力现代化》，《求是》2020 年第 1 期。

文化引领社会主义核心价值观进行创造性转化的旨归。

社会主义先进文化引领社会主义核心价值观的创新性发展，关键在于如何解决"为了什么人""培养什么人"的根本问题。习近平总书记强调："发展中国特色社会主义文化，要坚持为人民服务、为社会主义服务的根本导向。"① 社会主义先进文化引领社会主义核心价值观创新性发展，要立足人民、为了人民，充分体现人民的主体性地位，坚持为人民提供精神指引的基本要求，建设共同的精神家园，这是创新性发展的根本方向。同时，还要注重文化创新发展过程中如何发挥育人功能，解决好"培养什么人"的问题。党的十八大以来，习近平总书记将"培养担当民族复兴大任的时代新人"作为社会主义先进文化与社会主义核心价值观的发展方向，通过把社会主义核心价值观融入国民教育全过程和社会生活的方方面面，实现培养社会主义建设者和接班人的目标。"社会主义核心价值观建设，说到底是人的思想建设、灵魂建设，聚焦的是造就具有正确世界观人生观价值观的建设者。这样的时代新人，应当在有自信、尊道德、讲奉献、重实干、求进取等方面，有新风貌、新姿态、新作为。"② 因此，社会主义先进文化引领社会主义核心价值观的创新性发展实质上是将"发展什么样的文化"与"为了什么人""培养什么人"紧密结合，并以此为前提打造社会主义先进文化"百花齐放、百家争鸣"的局面，在根本上与方法上为社会主义核心价值观的培育提供多样的文化载体，通过文化的潜移默化使社会主义核心价值观像空气一样无时不有、无处不在，营造创新发展的文化氛围。创造性转化与创新性发展是相辅相成的，社会主义先进文化引领社会主义核心价值观处理好转化与发展的关系，是创造基础上的创新和转化基础上的发展，也是创新条件下的创造和发展过程中的转化，二者是辩证统一体。

三　引领社会主义核心价值观处理好本来、外来与未来的关系

党的十九大报告指出："发展社会主义先进文化，不忘本来、吸收外

---

① 《习近平新时代中国特色社会主义思想学习纲要》，学习出版社，2018，第139页。

② 《习近平新时代中国特色社会主义思想三十讲》，学习出版社，2018，第197页。

来、面向未来，更好构筑中国精神、中国价值、中国力量，为人民提供精神指引。"① 社会主义核心价值观的"本来""外来""未来"与文化的传承借鉴紧密关联。在传统文化的根脉和民族精神的基因中，在社会主义先进文化的引领下，社会主义核心价值观既是历史的又是现实的，既是民族的又是世界的，是人们认识世界和改造世界的价值指引，并以文化为载体散发出独特的魅力。对于如何处理好"历史"与"现实"、"民族"与"世界"的关系，社会主义先进文化的坐标方位为社会主义核心价值观提供了明确的方向指引。习近平总书记强调："没有中华文化繁荣兴盛，就没有中华民族伟大复兴。一个民族的复兴需要强大的物质力量，也需要强大的精神力量。没有先进文化的积极引领，没有人民精神世界的极大丰富，没有民族精神力量的不断增强，一个国家、一个民族不可能屹立于世界民族之林。"② 在文化发展的坐标系中，社会主义先进文化是在建设社会主义现代化强国的时代背景下不断发展完善的，文化强国的核心在于将社会主义先进文化转化为强大的价值引导力、文化凝聚力和精神推动力，在这一进程中社会主义核心价值观就成为关键所在。因此，社会主义先进文化引领社会主义核心价值观凝心聚力，是在文化强国的时代背景下不断推进的，实现文化强国目标的根本出发点就在于处理好"本来"、"外来"和"未来"的关系。从本质上而言，处理好三者关系的根本在于拥有更基础、更广泛、更深厚的文化自信，为文化强国提供强大的价值力量。

因此，面对"本来"、"外来"与"未来"，要不断增强社会主义先进文化的自信。党的十九大报告明确提出："文化自信，是更基础、更广泛、更深厚的自信。在5000多年文明发展中孕育的中华优秀传统文化，在党和人民伟大斗争中孕育的革命文化和社会主义先进文化，积淀着中华民族最深层的精神追求，代表着中华民族独特的精神标识。我们要弘扬社会主义核心价值观，弘扬以爱国主义为核心的民族精神和以改革创新为核心的

---

① 习近平：《决胜全面建成小康社会 夺取新时代中国特色社会主义伟大胜利——在中国共产党第十九次全国代表大会上的报告》，人民出版社，2017，第23页。
② 习近平：《在文艺工作座谈会上的讲话》，人民出版社，2015，第5页。

时代精神，不断增强全党全国各族人民的精神力量。"① 因此，我们倡导的文化自信既是对马克思主义立场、观点、方法的自信，也是对中华优秀传统文化和革命文化的自信。文化自信有助于人们在实践中更好地处理"本来"、"外来"与"未来"的关系，走出一条文化强国之路。

首先，面对"本来"的中华优秀传统文化，不要轻易持否定态度。"文明特别是思想文化是一个国家、一个民族的灵魂。无论哪一个国家、哪一个民族，如果不珍惜自己的思想文化，丢掉了思想文化这个灵魂，这个国家、这个民族是立不起来的。"② 中华优秀传统文化所具有的民族精神品格在社会主义先进文化中具有充分体现，二者是传承与发展的关系。社会主义先进文化引领社会主义核心价值观面对"本来"，就是坚持将中华优秀传统文化中的价值理念和道德规范推陈出新，"有鉴别地加以对待，有扬弃地予以继承，努力用中华民族创造的一切精神财富来以文化人、以文育人"③。因此，面对"本来"，社会主义先进文化要引领社会主义核心价值观以文化自信和价值自信在传承中发展。

其次，文化自信也是面对外来文化的一种基本态度。习近平总书记强调："增强文化自觉和文化自信，是坚定道路自信、理论自信、制度自信的题中应有之义。如果'以洋为尊''以洋为美''唯洋是从'，把作品在国外获奖作为最高追求，跟在别人后面亦步亦趋、东施效颦，热衷于'去思想化''去价值化''去历史化''去中国化''去主流化'那一套，绝对是没有前途的！"④ 因此，处理好"本来"与"外来"的关系，就是处理好"体"和"用"的关系。一方面，中华优秀传统文化是社会主义核心价值观的基础，必须在"古为今用"的基础上，做到"洋为中用"，形成中西合璧、融会贯通的局面，促进文化繁荣发展。另一方面，要正确面对"外来"，习近平总书记强调："要尊重世界文明多样性，以文明交流

---

① 习近平：《在庆祝中国共产党成立九十五周年大会上的讲话》，人民出版社，2016，第13页。

② 习近平：《在纪念孔子诞辰 2565 周年国际学术研讨会暨国际儒学联合会第五届会员大会开幕会上的讲话》，人民出版社，2014，第9页。

③ 《习近平谈治国理政》，外文出版社，2014，第164页。

④ 习近平：《在文艺工作座谈会上的讲话》，人民出版社，2015，第25页。

超越文明隔阂、文明互鉴超越文明冲突、文明共存超越文明优越。"① 因此，面对"外来"文化时，文化自信并非文化优越，而是一种尊重的态度和交流、互鉴的举措，是为了在互相借鉴中实现共同发展。

最后，面对"未来"，文化自信主要表现为不断提升文化软实力。"核心价值观是文化软实力的灵魂、文化软实力建设的重点。这是决定文化性质和方向的最深层次要素。一个国家的文化软实力，从根本上说，取决于其核心价值观的生命力、凝聚力、感召力。培育和弘扬核心价值观，有效整合社会意识，是社会系统得以正常运转、社会秩序得以有效维护的重要途径，也是国家治理体系和治理能力的重要方面。历史和现实都表明，构建具有强大感召力的核心价值观，关系社会和谐稳定，关系国家长治久安。"② 未来的长治久安、繁荣发展、民族复兴离不开文化软实力的提升。社会主义核心价值观在社会主义先进文化的指引下，起到凝聚价值共识、汇聚精神力量的作用，因此，面对"未来"就是要在"本来"和"外来"的基础上，坚持用社会主义先进文化引领社会主义核心价值观，为人民提供道德养分，为文化强国提供有力的精神支持。

---

① 习近平：《决胜全面建成小康社会 夺取新时代中国特色社会主义伟大胜利——在中国共产党第十九次全国代表大会上的报告》，人民出版社，2017，第59页。
② 《习近平谈治国理政》，外文出版社，2014，第163页。

第三章　社会主义核心价值观的文化建构

社会主义核心价值观的文化建构是一个复杂的过程，需要在实践中总结凝练文化传统与人们的行为，结合国家意志进行必要的理论阐释，以此为基础进行价值升华，并通过制度化、社会化的培育路径转化为人们的价值共识和价值遵循，最终通过生产生活的行为表达而成为一种实践方式，并在实践中促进文化的发展。这一建构过程包括文化提炼、文化培育、文化传播、文化认同等环节，最终实现了促进文化发展的目的，是社会主义核心价值观必须遵循的逻辑与规律。文化建构是在主体推动下进行的，要在把握主体规律的基础上厘清文化建构的路径并归纳文化建构的模式。

第一节　社会主义核心价值观的文化建构主体

社会主义核心价值观的文化建构归根结底是理论与实践互动的过程，是由作为主体的人来实现的。"主体在价值关系的建立和价值实现的过程中具有能动性、创造性和超越性等特征，因此在价值关系中处于主动和主导的地位。价值认识和价值关系的建立都是在人类的认识活动和实践活动中完成的，主体在认识和实践中的主导性地位，进一步深化了价值范畴的主体性特征。"① 国家、社会、集体和个人都应成为社会主义核心价值观文化建构的真正主体。根据不同群体的职能区分、分工差别，社会主义核心价值观文化建构的不同主体所发挥的功能也不一样，主要可以分为"战略—主导"主体、"转化—阐释"主体、"培育—传播"主体、"认同—实

---

① 罗国杰主编《马克思主义价值观研究》，人民出版社，2013，第 11 页。

践”主体等四个维度的文化建构主体。

一　社会主义核心价值观文化建构的“战略—主导”主体

“确立社会主义核心价值观，培育全社会的价值共识和价值认同，就是要在价值多元的大背景下形成当代中国社会主流价值‘主心骨’或价值之‘锚’，并用其安定人心、凝聚力量、明确方向，增强中国这个政治共同体的弹性，不断促进整个社会的稳定与和谐。”① 因此，在全社会宣扬核心价值观必须确立“战略—主导”主体，以确保社会主义核心价值观的主导地位。“战略—主导”主体是指对社会主义核心价值观的凝练、培育等起决定性作用的组织或个人。社会主义核心价值观的文化建构方向由“战略—主导”主体来决定，通过一定的制度设计明确社会主义核心价值观培育的方向，能在在文化建构过程中起到战略设计与方向主导作用。社会主义核心价值观文化建构的“战略—主导”主体一般包括党、国家、政府及各级行政部门、各企事业单位等具有决策作用的组织，以及各组织和社会群体中具有主导作用的个人。具体而言，这些组织和个人可以分为“党政部门”“社会组织”“主导人士”三个类别，每一类主体的职责功能不同，发挥的作用也不一样。

一般而言，党政部门是政策制定的设计主体，通过自身的运行机构搭建社会主义核心价值观在社会体系中发挥作用的制度框架。同时，党政部门也有级别和类型之分，作为一项战略工程，培育和践行社会主义核心价值观由党中央负责统筹规划，并根据基本定位确定发布内容，通过相应的文件面向各类组织和群体提出具体的实践要求。中共中央办公厅印发的《关于培育和践行社会主义核心价值观的意见》就是一份纲领性文件，从工作层面为社会主义核心价值观定性定向，并向全社会、各级党委和政府、广大党员干部提出了具体要求。同时，地方党政部门作为“战略—主导”主体在本地区、本领域促进社会主义核心价值观落地生根上发挥决策作用，通过制定文件、实施有效举措为社会主义核心价值观的培育与践行

---

① 张维为、吴新文：《中国话语：建构与解构》，上海人民出版社，2021，第 195 页。

提供支撑，地方党政部门的主观能动性决定了社会主义核心价值观的培育效果，因此它们具有一定的主导作用。我国的实际情况是，党政部门制定实施的政策制度源于国家发展的现实需求与群众的社会生产实践，因此社会主义核心价值观的文化建构是满足国家战略需求与人民群众生产生活需要的，这种战略主导性也充分体现了社会主义制度的优越性与社会主义核心价值观的人民性。

社会组织作为一个开放的系统，是国家各项政策制度的重要制定群体与落实主体，一般包括各类协会、学会、研究会、联合会、基金会等社会团体和组织。比如工会、共青团、妇联等代表不同的人民团体，通过对不同社会群体的价值观念与行为规律的把握，为培育社会主义核心价值观提供必要的政策制定依据，确保上位文件制定的科学性、合理性。在贯彻落实党中央决策部署的过程中，社会组织根据各社会群体的基本特点推出具有针对性的政策举措，确保社会主义核心价值观在群体内部落细落实。政治协商制度是我国一项基本的政治制度，民主党派、工商联等组织对社会主义核心价值观的实施导向发挥着重要作用，它们通过参政议政、民主监督推动确立社会主义核心价值观的战略设计与政策导向。各类研究会为社会主义核心价值观的政策制定提供了必要的理论支撑，通过对文化、价值观等的理论研究，探寻社会主义核心价值观文化建构的逻辑与规律，为政策的制定与实施提供保障，尤其是一些相关学科的研究会作为国家发展的"智库"和"外脑"，对社会主义核心价值观究竟以何种形态呈现、对内的培育与践行应遵循什么样的规律、对外传播应立足什么样的立场等关键问题进行了深入研究，为党政部门提供了必要的政策参考。

"战略—主导"主体一般指社会组织的核心力量，作为政策制定的直接参与者，其思维方式、价值取向和行动策略影响了政策的具体内容。当然，需要强调的是，各组织的运行机制不可能使个人意见成为政策制定的决定性因素，但依然不能否认由于个体的思维方式不同、价值取向不同、行动策略不同，对政策制定的理解也会不尽相同，可能因为一字之差就会造成政策导向的偏离，因此主导者作为政策制定的参与者所发挥的作用不可忽视。鉴于所有的政策制定都是在大的行政运行体系下进行的，这里所说的主导人士的意见与个人主义有着本质上的不同。更何况这些人一般是党政部门和社会组织的执行者，他们在政策制定中表达的并非个人意志而是集体决策，只是其个人特质在政策制定过程中起到了一定的作用，而这种主导作用的发挥也是代表组织完成的。社会主义核心价值观的文化建构既是理论的又是实践的，因此，主导人士的政治理论水平与工作实践能力是关键，在汇集各方意见的过程中，其基本素质决定了政策领悟能力与政策把握水平。还需要说明的是，这些主导者正因有过硬的能力才能成为主导者，因此，应从积极方面来看待，他们可以从自身出发参与制定具有民族特色、时代特征和世界格局的纲领性文件，为社会主义核心价值观的文化建构提供科学的制度框架。

二 社会主义核心价值观文化建构的"转化—阐释"主体

在社会主义核心价值观文化建构的过程中，有两个必要的转化环节，一是将存在于人们生活实践中的价值观念与国家对价值观念的期望进行规律化总结和理论化论证，凝练形成社会主义核心价值观的形象表达；二是对社会主义核心价值观进行理论阐释，总结反思工作经验并在对比借鉴中不断完善社会主义核心价值观实践创新的理论架构。一般来说，这些实践与理论的相互转化由相关领域的专家学者来完成，他们构成了社会主义核心价值观文化建构的"转化—阐释"主体。专家学者们结合自身专业优势通过理论建构、政策解读、实践反思等方式发挥转化与阐释功能。

"转化—阐释"主体在社会主义核心价值观文化建构的过程中一般应进行必要的理论建构。首先，要在本领域搭建理论基础性框架。通过广泛的资料整理与深入的理论研究，对社会主义核心价值观的基础理论展开充分论证，搭建基础性理论框架，打好文化建构的地基，从根本上夯实社会主义核心价值观文化建构的理论基础。一般而言，这一步通常是文献梳理或在经典作家的理论框架中找寻切入点。其次，形成必要的理论解释模型。即将前期的基础性理论研究系统化，通过理论根源的梳理、理论借鉴的取舍、理论框架的搭建等方式形成社会主义核心价值观文化建构的理论模型。与理论基础不同的是，理论模型更具可操作性，是实践指导意义上的理论架构，对社会主义核心价值观的凝练起到直接的指导作用。最后，是与建构相对应的理论命题，重点研究社会主义核心价值观究竟以什么样的方式呈现、包括哪些方面的内容等。既然作为理论命题被凝练，社会主义核心价值观就不是凭空提出的，而是在前两个环节的基础之上形成的更具理论性与科学性的核心概念，即社会主义核心价值观"三个倡导"的基本内容。这些基本概念是专家学者通过理论建构所提出的，这一过程既是对社会主义核心价值观进行论证的过程，又是将社会实践、国家意志等进行理论化、结构化的过程，也是"转化—阐释"主体的核心功能所在。当然，专家学者群体十分庞大，对社会主义核心价值观进行深入研究的也有很多，不同的人对同样的问题可能会有不同的理解，所以理论建构的过程同时也是相互借鉴、相互融合进而达成理论共识的过程。

社会主义核心价值观一经理论建构，就会成为"战略—主导"主体关注的重点内容，在时机成熟时会出台相应的政策，而"转化—阐释"主体就会成为社会主义核心价值观的政策解读者。他们具有深厚的理论功底以及前期对社会主义核心价值观的研究基础，因此对政策的把握与解读也具有较强的权威性。一般而言，"转化—阐释"主体因自身理论优势，对社会主义核心价值观的理论根源有着最为系统的理解，这也是"转化—阐释"主体进行政策解读时能够充分发挥其理论优势、抓住制度本质的重要原因。在解读相应政策举措时，专家学者能够深入了解社会主义核心价值观的科学内涵、基本要素和实践途径，为政策实施提供必要的理论依据与学理支撑，凸显了"转化—阐释"主体的逻辑思维特点与理论解读优势。同时，专家学者对于政策的转化同样发挥着主体功能，对于将社会主义核心价值观转化为工作实践的过程具有非常必要的理论指导作用。在这个关键环节，专家学者通过对制度的解读实现了理论体系向实践体系的转化，这是"理论—价值—实践"三者相互转化的核心环节，也是促进社会主义核心价值观科学化的关键。因此，政策解读是"转化—阐释"主体进行社会主义核心价值观文化建构的必要环节。

"转化—阐释"主体理论阐释的深度直接决定着社会主义核心价值观

文化建构的程度。经过理论建构与政策解读，社会主义核心价值观的文化建构进入实践反馈环节，专家学者通过对工作实践的观察可以检验理论建构的有效性，以此反馈至理论建构层面，形成"理论—价值—实践—理论"的闭环。这种对实践的检验同样也是专家学者进行实践反馈的过程，这种反馈既有助于"转化—阐释"主体对工作实践的指导，也有利于他们进一步完善理论体系，促进理论的调适与发展，使理论建构所设计的方法、载体与实际联系得更加紧密，同时，让社会主义核心价值观的文化建构过程通过理论进一步系统化，在理念、思路、机制等方面更加科学化。值得注意的是，"转化—阐释"主体的实践反馈环节，还包括社会主义核心价值观文化建构的中外比较，通过本土实践与国外价值观培育实践的对比分析，探寻社会主义核心价值观文化建构的一般性规律，吸取和借鉴国外价值观培育过程中的教训和经验，进一步完善社会主义核心价值观文化建构体系，既让国外经验中国化，又使文化建构世界化，还要通过搭建文化交流平台，促进国际社会对社会主义核心价值观的接受与认同。

三　社会主义核心价值观文化建构的"培育—传播"主体

社会主义核心价值观只有在全社会宣传普及才能内化为人们的价值观念，外化为人们的自觉行动。"培育—传播"主体需要通过多种渠道、媒介和方式将社会主义核心价值观的相关知识信息和价值内涵有效传递给社会主体成员，其传播力度直接影响着社会主义核心价值观文化建构的广度。"培育—传播"主体主要包括各级宣传部门和机构、文化媒介、各级各类学校以及承担相应工作的个体等。这些组织或个人的信息加工及传播能力、媒介素养等直接影响着社会主义核心价值观文化建构的效果。

各级宣传部门和机构是向全社会宣传培育社会主义核心价值观的主体，是在社会层面进行文化建构的主要力量。因此，各项培育活动的类型直接决定了文化建构的重心与成效。习近平总书记强调："培育和践行社会主义核心价值观，贵在坚持知行合一、坚持行胜于言，在落细、落小、落实上下功夫。要注意把社会主义核心价值观日常化、具体化、形象化、生活化，使每个人都能感知它、领悟它，内化为精神追求，外化为实际行动，做到明大德、守公德、严私德。"① 因此，宣传部门和机构开展的各类文化建构活动不能仅靠全方位多形式的宣传，还要搭建各类实践平台，从社会公德、职业道德、家庭美德等不同维度培育良好的社会风尚，使人们知行合一。此外，在方式方法上要注意满足"日常化、具体化、形象化、生活化"的要求，并非简单地通过形式相对单一的条幅标语进行宣传就能达到培育传播的效果，而要使社会主义核心价值观的本质内涵与人民群众的实际生活相统一、与人民群众的所思所想所盼紧密结合，促进社会主义核心价值观入耳入脑入心。宣传部门和机构要抓好公共文化服务体系的建设，面向人民群众的精神文化需求开展多姿多彩的文化活动，丰富其精神文化生活，比如，可以抓住家庭这个社会单元，通过文明家庭创建活动，营造良好的社会风气。总之，要通过宣传部门和机构的主导作用在全社会建立健全社会主义核心价值观的文化建构体系。

文化媒介是传播社会主义核心价值观的重要载体，也是社会主义核心价值观文化建构的"培育—传播"主体之一。在日常工作中，传统媒介和非传统媒介在社会主义核心价值观的文化建构上均有不可替代性，因此要注重对报刊、电视、电影、网络等不同类型文化媒介的建设，促进社会主义核心价值观的传播。一是要建设好各类媒介阵地，尤其是新媒体已经渗透至日常生活的方方面面，需要更加注重各类门户网站、官方微博微信平台、网上论坛等阵地的建设，以社会主义核心价值观为主要内容强化正面宣传引导的同时，积极设置网络议题，开展健康向上的网络文化活动，扩大和提升社会主义核心价值观网上宣传的覆盖面与影响力。二是要不断探索开发各类网络文化产品，进一步丰富网络文化内容，保障网络精神产品供给，通过新媒体传播正能量，增强社会主义核心价值观文化建构的吸引力和影响力，"使推进社会主义核心价值体系建设和核心价值观培育的各类活动都能够展现鲜明的时代新风，以时代性提促实效性"②。三是要注

---

① 《习近平关于全面建成小康社会论述摘编》，中央文献出版社，2016，第116页。
② 沈壮海：《文化软实力及其价值之轴》，中华书局，2013，第207页。

重线上与线下的紧密结合，不能仅依靠线上而忽视了线下，也不能只关注线下而放弃线上，需要找准二者的结合点，探索线下活动线上拓展、线上活动线下延伸的工作模式，充分发挥文化媒介作为"培育—传播"主体的辐射效应。此外，面向网民开展媒介素养教育十分必要，引领人们文明上网、文明用网，营造清朗的网络空间也是社会主义核心价值观文化建构的重要维度。

学校是社会主义核心价值观文化建构的核心阵地。习近平总书记强调："要把社会主义核心价值观的基本内容和要求渗透到学校教育教学之中，体现在学校日常管理之中，做到进教材、进课堂、进头脑。"[①] 作为"培育—传播"的主体，学校功能的发挥有着自身的特点。"把培育和践行社会主义核心价值观融入国民教育全过程"作为一项重要策略，是社会主义核心价值观在学校进行文化建构的根本遵循。学校的两大群体是教师和学生，作为"培育—传播"主体的学生，是社会主义核心价值观培育的重点群体，而教师在教育教学活动中承担着传播社会主义核心价值观的重要职能。"融入全过程"主要是发挥学校"培育—传播"的主体功能，一方面，使社会主义核心价值观的价值体系融入学校的教育体系，即教材、课堂、教学过程，实现从"价值"到"教育"的转化，并通过发挥教育体系的作用，实现从"教育"到"头脑"的转化。另一方面，"融入全过程"的关键在于过程的衔接，既要遵循不同学段学生的思想规律、学习规律、心理规律、交往规律等成长成才规律，又要在发展规划衔接、要素衔接、机制衔接等关键环节点位建构一体化的过程衔接路径。在学校这一"培育—传播"主体的作用下，社会主义核心价值观通过对教师和学生的引领充分发挥了立德树人的作用，实现了在校园文化中建构社会主义核心价值观的功能。

四　社会主义核心价值观文化建构的"认同—实践"主体

"认同—实践"主体泛指广大人民群众，涵盖了前三类主体及其他社

---

① 《习近平关于青少年和共青团工作论述摘编》，中央文献出版社，2017，第24页。

会成员。广大人民群众是社会历史的创造者，是推动社会发展的决定性力量。从这个意义上说，尽管不同群体在社会主义核心价值观文化建构活动中所起的作用和发挥的功能不尽相同，但都是这一活动的直接参与者，社会主义核心价值观的广泛社会认同是文化建构的目标所在，因此这一活动要坚持"从群众中来，到群众中去"，充分发挥群众的主体能动性，推动社会主义核心价值观的发展完善。不同社会群体在社会主义核心价值观文化建构中的作用有所不同，工人、农民、知识分子是践行社会主义核心价值观的主力军，要注重将价值观念融入人们的生产生活和学习工作中；党员领导干部是践行社会主义核心价值观的带头人，应以更高的要求和更严的标准规范约束自己的言行；青少年是社会的生力军，更是社会主义核心价值观认同实践的中坚力量，要充分调动他们的积极性。此外，社会公众人物是社会主义核心价值观的示范者，要发挥他们的辐射带动作用，形成全社会践行社会主义核心价值观的生动景象。总的来说，各社会群体作为社会主义核心价值观文化建构的"认同—实践"主体，表现出认同的渐进性与受限性并存、实践的层次性与创造性并存的特点。

渐进性与受限性并存是人民群众在社会主义核心价值观认同过程中表现出的显著特征。作为一个价值观念系统，社会主义核心价值观既包含思想文化，又包含意识形态；从一般价值观的形成来看，大体呈现出"准备—萌芽—探索形成—成熟稳定"的规律；对于社会大众而言，文化信息的认同也是从主体选择到内化整合再到外化实践的过程。因此，对不同社会群体进行社会主义核心价值观的文化建构，不是整体推进的一体化过程，而是分层次、分阶段的渐进性过程。不同的社会群体由于自身成长经历不同形成了层次多样且相对稳定的价值观念基础，会直接影响其对社会主义核心价值观的接受认同，这是认同受限的根源所在。原有的价值观念并非都会在文化建构过程中与社会主义核心价值观产生冲突，但个别不相容的内容也会影响大众的价值认同。因此，社会主义核心价值观文化建构的过程，也是各社会群体自主自觉地认知、选择、内化的过程。不同社会群体对社会主义核心价值观认同的渐进性与个体接受价值观念的受限性是文化建构需要克服的基本问题。之所以出现这种现象除了内部原因之外，外部环境、活动载体等外在因素同样会对个体的认同与实践产生积极或消极的影响，内外因素都需要在实践活动中被充分把握。

在实践过程中，层次性与创造性并存是"认同—实践"主体的显著特征。社会主义核心价值观是一整套的价值观念和意识形态，其内在结构和构成要素具有一定的系统性。社会主义核心价值观在深层内涵上，作为社会主义核心价值体系的内核，既有"认知—解释"基础层面的要素，又有"价值—信仰"核心层面的要素，还有"目标—策略"关键层面的要素，具有一定的系统性。对于这种思想价值观念体系，社会大众的践行必然会呈现一定的层次性。社会主义核心价值观的文化建构，在"认同—实践"主体层面既包括世界观、方法论的认同过程，也包括人生观、政治立场、道德操守甚至是行为习惯的践行过程。因此，社会主义核心价值观的系统性决定了社会大众需要从多维度进行实践，文化建构的实践活动也因此表现出层次性特征。人民群众是历史的创造者，也是精神文化的创造者，作为社会生产实践的主体，包括社会主义核心价值观在内的一些精神文明成果都是由人民群众创造的。人民群众有无限的创造力，因此，社会主义核心价值观的文化建构要充分激发和调动人民群众的积极性、主动性和创造性，落实到社会生产实践中，为建设社会主义现代化强国注入强大的精神动力。

第二节　社会主义核心价值观的文化建构模式

明确了社会主义核心价值观的建构主体之后，接下来要解决的就是建构成什么样、如何建构以及建构以后如何运行的问题，这些都属于社会主义核心价值观文化建构的范畴。在现实生活中，社会主义核心价值观自提出已经有多年的时间，无论是存在形态、建构路径还是基本的运行体系，都已比较成熟。而从理论逻辑上分析，当前存在的文化建构模式依然有进一步完善的空间，这也是本节从应然与实然相结合的根本逻辑出发的原因。

一　社会主义核心价值观的文化建构形态

一般来说，学界将文化划分为"物质文化""精神文化""制度文化"三种基本形态。社会主义核心价值观作为文化的精神内核也不例外，同样存在于这三种形态之中。这三类存在形式不是自然生成的，而是前述各类主体在建构过程中逐渐稳定下来后形成的符合人们生产生活实践的存在状态。无论是物质形态、精神形态还是制度形态的社会主义核心价值观，都通过各自的形式发挥着自身的文化功能，三种形态相互影响、相互融合，共同促进了社会主义核心价值观的文化认同。

社会主义核心价值观的物质文化形态是一种基础性的存在方式，一般包括常见的宣传标语、人文景观、人文场馆等，这些都是社会主义核心价值观最为直接的宣传载体。一般而言，物质文化的传播局限性较大，但直观地体现了社会主义核心价值观的内容，比如随处可见的宣传标语，使人们无意识间便受到潜移默化的影响。这种传播方式对人们的基本认知起到一定的强化作用。更多的时候，物质文化作为精神文化与制度文化的载体而存在，一方面，精神文化只有以物质载体为传播媒介才能发挥更大的作用。比如，爱国作为社会主义核心价值观的重要内容，存在诸多精神文化元素，革命文化中的爱国主义事例不胜枚举，但仅凭单纯的理论讲授传递爱国主义文化收效甚微，与体验式学习差异巨大，在纪念馆展出革命战争年代先烈们的遗物，通过参观体验的方式理解爱国主义的深刻内涵，可以与理论讲授相辅相成从而得到更好的效果。另一方面，制度文化只有在物质形态的框定下才能确保具体执行。比如乱扔垃圾这样的不文明现象被行为准则禁止之后就有了制度规定，而制度的实施则需要以投放垃圾桶的形式来配合。当然，作为物质形态的垃圾桶严格来说不能称为文化，而将垃圾投入垃圾桶的行为则是一种文化形态。从这个例子中不难发现，制度文化赋予了物质一定的文化属性。事实上，正是基于制度文化、精神文化与物质形态的紧密结合，原本无文化价值的物质才有了更大的文化属性，而社会主义核心价值观的物质文化形态通过对制度文化与精神文化的承载才发挥了更大的作用。

　　社会主义核心价值观本身就是一种精神文化，这里所说的精神文化形态是指狭义的、与物质和制度相对应的一种普遍的存在方式，主要包括音乐、影视、广告等具备社会主义核心价值观宣传功能的精神文化产品。相比物质形态，精神形态的文化直观性不强，社会主义核心价值观的各类精神文化产品一般具有隐性的文化内涵与显性的传播载体，受众更容易对精神形态的价值观念产生情感共鸣，因此在精神文化形态下价值认同的效果较物质形态更好。社会主义核心价值观的精神文化形态具有多样性，既可以艺术地呈现，也可以有文学的表达，还可以通过媒体进行文化传播，这与生产实践活动的多元化紧密相关。文化形态的多样性为社会主义核心价值观的差异性建构提供了条件，针对不同群体的接受特点与规律提供差异化的精神文化产品，可以增强社会主义核心价值观传播的针对性与实效性。比如，面向少年儿童创作社会主义核心价值观主题童谣，面向中青年群体创作影视作品，面向老年群体创作戏曲作品，为社会主义核心价值观在全社会的传播与接受提供多样化的精神文化产品。作为精神文化形态的社会主义核心价值观还具有引领文艺创作、发挥精神文化产品主客体统一的作用。在充分把握实践作为人的价值存在方式的基础上，深入挖掘精神文化元素，创作优秀的精神文化产品，这也是通过以人民为中心的创作导向来消解低俗、庸俗、恶俗作品对人们的不良影响，不断满足人民群众日益增长的精神文化需求，通过社会主义核心价值观的文化建构促进文化的繁荣发展。

　　社会主义核心价值观的制度形态是对价值观念的制度化约束，不同于物质文化形态的显性特征与精神文化形态的隐性特征，制度形态介于二者之间，为物质文化的精神产品化与精神文化的物质表达化提供了支撑。一般来说，制度形态包括相应的政策文件、规定公约和准则信条，社会主义核心价值观的制度形态同样如此。从政策的不同层级和功能来说，社会主义核心价值观的相关政策一般分为源发性政策、主导性政策、规定性政策、派生性政策四类。源发性政策是指国家宪法，从国家存在的合法性角度阐释社会主义核心价值观的根源；主导性政策是指国家针对社会主义核心价值观所制定的纲领性文件，在这里是指中共中央办公厅印发的《关于培育和践行社会主义核心价值观的意见》；规定性政策是指各地方、各领域制定的具体的规章制度，如中共教育部党组、共青团中央印发的《关于在各级各类学校推动培育和践行社会主义核心价值观长效机制建设的意见》；派生性政策是指各个单位针对社会主义核心价值观采取的落实性管理办法，如《中小学生守则》、市民公约、村规民约等。可见，社会主义核心价值观的制度形态是一个自上而下的制度体系，从中央规定到人们的日常行为规范，既具有权威的导向性，又具有规范的约束性，以一种稳定的形态规范着人们的行为。制度形态的功能是物质形态与精神形态所不可替代的，如果说物质形态和精神形态的融合使人们对社会主义核心价值观有了直观的认知并产生了情感的共鸣，而在制度的约束和导向作用下，人们自觉践行社会主义核心价值观则成为一种行为习惯，这也是社会主义核心价值观文化建构的目标指向。

二　社会主义核心价值观的文化建构路径

社会主义核心价值观从抽象到具体、从理论到实践、从价值到观念需要经历一个漫长的过程，这种从"A"到"B"的过程所遵循的文化逻辑就是社会主义核心价值观的文化建构路径。从普遍意义上讲，这种从一种形态到另一种形态的转化大体可以遵循三种路径：话语转化路径、培育传播路径和接受认同路径。

社会主义核心价值观的话语转化路径包含两个过程：一是从实践活动与理论体系中的凝练，二是对"三个倡导"的转化。两个过程都可以纳入话语体系的转化范畴。话语体系是思想理论体系和知识体系的表达形式。第一个过程称为"深化后的凝练"，即从实践升华至理论的过程，具体是指在一定的社会背景下，关于凝练全社会共同价值观的理论思潮不断涌现，而随着讨论的不断升级，国内外环境的不断刺激，最终由理论层面的讨论演进至意识形态层面，进而形成"三个倡导"的社会主义核心价值观，同时形成了一套完备的理论支撑体系。第二个过程为"凝练后的转化"，即从理论表达转化为实践传播。这一转化过程是对社会主义核心价值观话语体系的丰富和完善，主要是通过对 12 个词的重新编码转化为更为丰富的话语体系，促使人们在更广范围和更深层次上理解和认同社会主义核心价值观。在这一过程中，社会主义核心价值观的理论话语需转化为政策话语，从而形成一定的制度体系；需转化为教育话语，以符合教育教学的基本规律；需转化为文艺话语，以满足文艺创作的基本需求；需转化为日常话语，以形成社会主义核心价值观生活化的话语体系。这些不同的话语体系虽都是为了促进社会主义核心价值观的认同，但各自的特征、载体和形式不同，且有着自身的特点与规律，因此话语转化也是一个发散型的结构体系。然而，话语转化的源头内容一致、目标功能一致，总体上遵循抽象价值形象化、系统理论生活化、整体观念细节化的转化路径，这也是第二个过程的基本逻辑。

所谓培育传播路径，就是通过各种载体、媒介在全社会开展组织化、系统化的活动，使社会主义核心价值观在民众中间得以传播。培育传播是在全社会进行的，在这里我们重点分析在学校领域的培育与在社会空间的传播。学校培育社会主义核心价值观的着力点有三个方面：如何实现宏观层面不同学校层级间的纵向联动、中观层面学校内外的横向牵动和微观层面课堂内外的师生互动。在宏观层面，打通大中小学一体化衔接链条，将社会主义核心价值观作为重要的教育教学内容，并将具体的内容、方法、载体等贯通式融入学生成长成才全过程；在中观层面，搭建校内校外联动平台，除课堂教学外，将社会主义核心价值观的实践活动延伸至社会，形成知行统一的培育体系；在微观层面，构建师生教学互动共同体，共同发挥教师的主导作用和学生的主体作用，使社会主义核心价值观的培育过程与学生自主构建价值体系的过程有机统一起来。除了学校的培育，社会主义核心价值观的社会传播也是关键一环。在社会传播体系中，除了常见的新媒体传播渠道之外，培育选树行业典型，结合行业特点进行传播也是重要路径。各行业人员是培育和践行社会主义核心价值观的广泛参与者，提炼和规范各行业的职业道德，能够促使培育和践行社会主义核心价值观与行业生产实践有机结合。同时，发挥先进典型在培育和践行社会主义核心价值观过程中的重要作用，挖掘和宣传"生活化""接地气"的代表，促使广大人民群众从"要我学"转化为"我要学"的自觉追求，形成"行业培育—民众发掘—国家引导—情感共鸣"的培育传播路径。此外，家庭是培育社会主义核心价值观的重要阵地，"家庭是社会的基本细胞，是人生的第一所学校。不论时代发生多大变化，不论生活格局发生多大变化，我们都要重视家庭建设，注重家庭、注重家教、注重家风，紧密结合培育和弘扬社会主义核心价值观，发扬光大中华民族传统家庭美德，促进家庭和睦，促进亲人相亲相爱，促进下一代健康成长，促进老年人老有所养，使千千万万个家庭成为国家发展、民族进步、社会和谐的重要基点"①。家庭连接着社会，而且大部分家庭和学校紧密关联，依托家庭、家风、家教培育社会主义核心价值观是促使学校和社会联结起来的关键结点，三者形成合力是文化建构的必然要求。

接受认同路径是指作为接受主体，受众内在的思想意识与心理认同过程。社会主义核心价值观的作用发挥必须建立在人们认同的基础之上，接受认同路径和前述两个外在的过程不同，其是个体价值体系形成环节中内部心理结构变化的过程。话语转化路径、培育传播路径和个体内部原有的认知体系共同决定了接受认同路径的顺畅程度。也就是说，个体在内部的认知体系与外部的培育体系的共同作用下完成接受认同的过程。从个体的思想发展来看，人们对新的价值思想的认同有一个知、情、意、行循环往复的过程，但个体自身及所处环境的差异性，使其只能经历其中的一个或几个环节。社会主义核心价值观接受认同路径，是指个体接收到内容信息后所经历的认知、理解、内化、认同的过程，以及实现真正的认同后做出的一系列与自身价值观念相符的行为。这一过程并非单一的线性发展过程，而是一种由浅入深、由认知到实践的心理活动和行为。对于个体来说，这是新的价值观念在自身的价值体系结构中从无到有、从简单到复杂、从低层次到高层次的渐进过程，并非简单的结果式的静态呈现，而是一种动态的生成过程。且这一动态过程具有一定的反复性，体现出社会主义核心价值观接受认同路径的受限性，即不是所有个体都能很好地接受和认同，培育社会主义核心价值观是一个长期复杂的过程。总之，这一认知

---

① 《习近平关于注重家庭家教家风建设论述摘编》，中央文献出版社，2021，第3页。

心理活动的内在路径是前述两个外在路径的效果呈现，在几条不同路径的相互配合下，个体才有可能将社会主义核心价值观转化为自身的价值要求和行为规范等。

无论是话语转化路径、培育传播路径还是接受认同路径，都是社会主义核心价值观从价值体系到实践体系的规律性分析。这三条路径是社会主义核心价值观在国内培育践行的基本通道，社会主义核心价值观的跨文化传播同样需要遵循这样的基本规律。按照文化逻辑，建构与传播是社会主义核心价值观的必然遵循。

三　社会主义核心价值观的文化建构体系

社会主义核心价值观的文化建构有着复杂的系统结构。体系的组成要素，主要包括价值系统、转化系统、培育系统、支撑系统和接受系统，这些要素内部有独立的运行模式与规律，要素间也有必要的关联，以确保系统的有序运行。总的来说，价值系统是该体系的逻辑起点，接受系统是该体系的逻辑目标，而转化系统、培育系统、支撑系统则是逻辑过程。体系的运行过程既是各系统间相互作用的结果，也是社会主义核心价值观通过形态的转化与传播进行文化建构的过程。这一文化建构过程是理论化的价值体系在实践活动的不断作用下，通过必要的传播途径和外在支撑，逐渐进入人们的价值观念系统中的过程。具体如图 3－1 所示。

价值系统在整个体系中具有贯穿作用，在转化系统的作用下，社会主义核心价值观实现传播普及，并进入人们的接受系统。前文提及，社会主义核心价值观通过必要的话语转化，以一种新的状态出现，即抽象价值形象化、系统理论生活化、整体观念细节化，这种话语转化方式是首要且必要的。也可以将这一过程理解为"解构—重构"的过程：通过对社会主义核心价值观的历史渊源、精神内核、中外比较、时代定位等进行深刻剖析，掌握社会主义核心价值观作为价值的理论性和作为理论的价值性，在此基础上形成对其本质的理解，进而确保转化之后保留的是其价值内核，转化的是其外在的表达形式，确保传播普及的内涵是精准确切的。

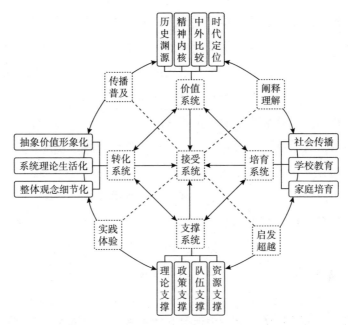

图 3 - 1　社会主义核心价值观的文化建构体系

社会主义核心价值观的传播普及是文化建构的前提，也是进入接受系统最为直接的环节。若没有转化系统的"解构—重构"，社会主义核心价值观则以一种最为直接的方式进入接受系统。转化系统是一个必要的环节。转化的过程为传播普及提供了基本的条件，如同人体消化食物的第一步是咀嚼，这种看似简单的加工转化，使社会主义核心价值观进入接受系统成为可能。

　　培育系统在整个体系中占比最大，关系着全社会对社会主义核心价值观的培育与传播，既涉及社会传播、学校教育，也包括家庭培育。在前文建构路径的阐述中已经对社会主义核心价值观的培育系统进行了论述，这里重点论述在价值系统与培育系统相互作用下，如何对社会主义核心价值观进行必要的阐释理解，从而为其进入接受系统奠定基础。从培育系统中可以看出，建构场域以多元化的形态而存在，社会体系最为复杂，学校体系和家庭体系也都有各自的规律，这势必会在主体层面导致社会主义核心价值观的阐释理解过程呈现多元化。因此，从价值系统进入培育系统的关键就是对社会主义核心价值观的阐释与理解。和转化系统的话语解构、重构不同，阐释理解更多的从培育主体与接受主体互动的视角来考虑，而非只注重转化的单方面主体。接受主体对社会主义核心价值观的理解是其认同的前提，而培育主体的阐释水平也同样影响甚至决定了接受主体的理解程度。所以，在价值系统和培育系统的互动过程中，应从合规律性与合目的性统一出发，对社会主义核心价值观的阐释主体进行科学定位，而阐释主体则应对培育系统中接受主体的认同规律进行把握，提出有针对性的培育传播策略，进而实现接受认同的目标。

支撑系统对社会主义核心价值观的文化建构而言，发挥着起承转合作用和基础保障作用。在支撑系统内部，主要包括理论支撑、政策支撑、队伍支撑、资源支撑等。理论支撑主要是对社会主义核心价值观的理论体系形成基础性的理论架构与指导体系；政策支撑主要是对社会主义核心价值观的培育提供必要的制度保障；队伍支撑一方面为社会主义核心价值观的转化提供高水平的团队，另一方面为社会主义核心价值观的培育提供必要的工作力量；资源支撑则为转化系统加工后的社会主义核心价值观提供载体，并为培育系统提供政策保障、人员支持，确保社会主义核心价值观文化建构体系的运行高效有序。在建构过程中，支撑系统与转化系统相互作用，为社会主义核心价值观转化为教育素材提供了实践资源，即经过加工转化之后的社会主义核心价值观在支撑系统的作用下，顺利进入接受系统，这是实践与体验的过程。同样，在支撑系统与培育系统的共同作用下，后者的效用进一步扩大，为社会主义核心价值观进入接受系统拓宽了通道，并使原本具有接受限度的个体在支撑系统的作用下超越了限度。因此，支撑系统对社会主义核心价值观的文化建构起到重要的辅助作用，虽不能直接决定其接受效果的好坏，但作为文化建构的必要支撑，为转化系统和培育系统的正常运转提供了动力支持。

在社会主义核心价值观的文化建构中，接受系统作为建构的目标，承接着其他系统传递的各类信息，作用的过程不同，产生的效果也不尽相同。从价值系统直接进入接受系统是不可取的，社会主义核心价值观作为理论性与价值性都极强的价值系统，只有经过必要的转化才能进入接受系统。如果转化系统和培育系统没有支撑系统的支持，则接受系统接收到的仅仅是碎片化信息而非系统化观念，只有在理论、政策、队伍、资源的共同支持下，社会主义核心价值观的转化和培育才有可能是成体系的。也就是说，支撑系统有效地将价值系统、培育系统和转化系统联结在一起，使整个体系更加完整。接受系统属于个体认知心理的微观系统，虽受到外在系统的影响，决定了哪些元素能够进入该系统，但个体内在的动力机制直接决定了进入接受系统的元素是否被有效认同。前文已对接受认同的路径进行了详细分析，在此不再赘述。总之，社会主义核心价值观的文化建构体系是各个系统相互作用、相互影响的结果，内在的元素发挥着各自的功能，相互间有着自身独特的运行机制，确保社会主义核心价值观以一种稳定有序的状态由价值理论体系转化为人们的价值观念。至于从内在的价值观念转化为外在的自觉行动，则是认同实现后的一种自觉性行为，在该体系运行中是一种自然发生的程序；对个体而言，也是在反复的实践过程中形成稳固的价值观念体系和行为习惯的基本遵循，这是社会主义核心价值观文化建构体系运行的必然结果。

第三节　社会主义核心价值观的文化建构机制

体制机制是社会主义核心价值观文化建构体系协调联动、高效运行的基本保障。在原有的工作体系中，已经形成了基本的管理体制、运行机制，但还需要进一步改进创新，不断提升社会主义核心价值观文化建构体系的运行效率。

一　社会主义核心价值观文化建构的统筹协调机制

培育和践行社会主义核心价值观是一项基础性、战略性、长期性任务，各地各部门在落实培育和践行社会主义核心价值观的过程中，只有加强顶层设计，做到系统规划、整体推进、分步实施，才能营造和做出充分体现社会主义核心价值观的环境氛围和制度安排。与此同时，作为一项复杂的系统工程，社会主义核心价值观的文化建构需要政府、社会、学校、家庭、大众媒体等的共同努力，提供各类保障，形成全方位的运作格局。

从领导体制层面看，社会主义核心价值观的文化建构是一个自上而下的过程，从中央提出社会主义核心价值观的具体内容、培育方向、践行要求到各地方各单位在地区和领域内部实施的各项培育举措，无一不是上级要求、下级落实的过程，这是当前社会发展的必然要求，也是具有强烈意识形态属性的社会主义核心价值观文化建构的内在规定。在具体的实践过程中，社会主义核心价值观文化建构的领导体制要求具备高度的意志统一性，即对社会主义核心价值观建设进行统一规划、组织协调、宏观指导和督促检查。一方面要有明确的统一领导组织，即各级党组织，同时也要有明确的任务分工，形成党委统一领导、党政齐抓共管的领导体制，把社会主义核心价值观的文化建构与各项业务的发展紧密结合起来。另一方面，在具体的落实中，社会主义核心价值观的文化建构要统领全局、协调各方。作为一项复杂而庞大的系统工程，必须在推进中采取有力举措，把社会主义核心价值观的文化建构同各单位各部门的领导班子建设相结合、同加强党的基层组织建设相结合、同推动各项事业的全面协调可持续发展相结合，做到统筹推进。只有这样，社会主义核心价值观的文化建构才能形成统筹协调的格局，各项工作的组织与落实才能成为各级组织的工作责任，才能在整体设计的框架中实现发展目标。

除了统一领导之外，社会主义核心价值观的文化建构还需要各部门之间的协调，努力打造协调联动的工作格局。也就是说，在党政部门的统一领导和顶层设计之下，作为文化领域的社会主义核心价值观要想在政治、经济、科技、卫生、体育、外事等领域发挥作用，既需要形成符合社会主义核心价值观在本领域内部传播的基本格局，也需要各领域之间相互协调，发挥联动作用，通过齐抓共管的体制机制推进社会主义核心价值观在全社会的传播。这种协调机制首先使不同领域、不同部门的优势力量实现合理的对接，通过一定的关联机制为力量的整合提供平台，发挥各领域优势的同时形成必要的工作合力，为社会主义核心价值观文化建构提供强大的内驱动力。在各部门关联的基础上，发挥深层次的功能需要各领域间的协调联动，即不同部门根据职能分工差异性形成功能互补、作用调和的关系，以"一体化运行、整体化推进"的工作局面为社会主义核心价值观的文化建构提供机制保障。总之，统筹协调机制是在国家行政体制下"集中力量办大事"的具体体现，充分彰显了中国特色社会主义制度的优势，并从整体框架与建设路径层面为社会主义核心价值观的文化建构提供了保障，确保了这一复杂运行体系的有序高效运行。

二　社会主义核心价值观文化建构的融合衔接机制

社会主义核心价值观的文化建构是围绕目标施以具体举措的连贯性过程。在价值观念建构的过程中，其蕴含的价值目标与内容也会在过程性因素的影响下造成信息的衰减与价值的流失，如何确保社会主义核心价值观从始至终都保持足够的价值含量需要一定的保障措施。一般而言，分析建构的过程性因素主要有目标、内容、方法，需要从目标上进行统合、内容上进行融合、方法上进行调和，确保价值内核的一致性。

社会主义核心价值观文化建构的目标统合就是明确价值观的目标导向一致性，避免出现方向迷失导致建构失效的情况，在这里就需要回应为什么建构社会主义核心价值观的问题。从国家层面而言，社会主义核心价值观充分体现了社会主义的意识形态属性，代表着国家文化发展的价值取向，是提升文化软实力、建设文化强国的内在要求，也是文化建构的鲜明导向；从社会层面而言，社会主义核心价值观体现的是全社会价值观念的"最大公约数"，具有引领社会思潮的关键作用，是凝聚价值共识的必然要求，也是文化建构的关键指引；而在个人层面，社会主义核心价值观是人们日常行为的价值评判标准。因此，文化建构的过程也为个体提供了道德遵循。从这些意义上来说，社会主义核心价值观的文化建构应该以上述方向为统领目标，任何群体在任何领域，都不应违背这一目标导向，从国家、社会、个人三个层面形成一整套文化建构体系。

社会主义核心价值观文化建构的内容融合就是在建构过程中将内容与适恰的载体和适时的过程进行融合。其目的在于"主动回归生活世界，将受教育者引向丰富的生活世界，积极建构丰富而完整的生活内容，感悟深奥的生活智慧，追求生活的完整性，使人在完整生活的建构中同时获得德性的完满，这是主流价值文化教育在当今应有的发展方向"①。内容与载体相融合需要进行必要的话语转化，如网络新媒体作为传播载体时，社会主义核心价值观应形成一套与网络文化相适应的话语体系，避免出现文化的不适性；内容与过程相融合就需要进行形态转换，如在社会主义核心价值观的理论建构过程中，要将零散的社会实践进行归纳、提炼、升华，进而使其向理论形态转化，而在社会培育过程中则从理论形态不断转向制度形态、物质形态和精神形态。值得注意的是，社会主义核心价值观的内容融合需充分考虑其价值内核的一致性，不能因为形式而忽略了内容，需要探寻内容与形式相统一的基本规律，并在此基础上进行必要的深度融合，促进文化建构的过程顺畅。

社会主义核心价值观文化建构的方法有很多，既有传统的课堂教学、宣传标识、典型示范，又有符合时代特征的网络传播、群体互动、阵地融合等。在文化建构过程中，需要找到合适的方法，即不断调整方式方法以符合文化建构对象的特点与现实需求，做到因时制宜、因势制宜、因人制宜。因时制宜就是做好方法的衔接，比如同样是榜样示范，通过故事讲述的方式对小学生就能收到较好的效果，而对中学生来说，则需要辅以一定的道德实践活动；对大学生而言，故事讲述的效果未必好，而道德实践活动与道德问题大讨论则可能对他们产生较大的影响。因势制宜就是在不同的情势之下找寻更符合现实情况的素材与方案，比如在新冠肺炎疫情防控背景下宣传医护人员践行社会主义核心价值观的光荣事迹就能起到较好的效果。因人制宜是对不同群体采取适当的方法，对学生而言，课堂教学配合社会实践就能起到相应的作用；而对农民来说，需要用接地气的方式讲好农村发展的故事从而在更深层次上得到他们的认同。总之，社会主义核心价值观的文化建构注重方式方法的调和，就是通过灵活的方式方法实现具有针对性的文化建构目标。

三 社会主义核心价值观文化建构的互动转化机制

社会主义核心价值观文化建构的目的在于进一步提升国家文化软实力

---

① 王东莉：《德育人文关怀论》，中国社会科学出版社，2005，第225页。

和国民道德素养、进一步凝聚社会共识，而建构的过程是实践、价值、理论三者相互转化的过程。现实生活中，大家往往更关注如何使社会主义核心价值观成为一种价值自觉，即更看重价值层面的社会主义核心价值观，对于理论层面或实践中的价值观念及其互动转化缺少必要的研究。因此，社会主义核心价值观文化建构的互动转化机制是理论、实践、价值三者的相互作用。

在理论层面对社会主义核心价值观进行必要的阐释说明之后，进入人们价值观念的核心关键在于实践环节的体悟程度。从理论环节进入实践环节，一般要经过理论推介、渗透融入、渠道拓展等整合转化环节。其中，理论推介是指专家学者对社会主义核心价值观的解读，将其理论基础、价值根源与建构逻辑进行必要的阐释说明，为实践提供一定的方法论指导。渗透融入是按照文化建构的理论逻辑与规律，使社会主义核心价值观成为日常教育的原始性素材，为融入学校教育、社会宣传等工作实践提供基本的材料支撑。渠道拓展则是在理论体系的框定下，原有归于实践体系的路径在理论与实践不断互动的过程中得以进一步整合拓宽，为社会主义核心价值观从理论进入实践提供了更多的可能。可以说，理论与实践的互动使社会主义核心价值观有了更深厚的理论基础与更广阔的实践平台，这一互动过程是文化建构必不可少的一环。

社会主义核心价值观一旦进入实践体系，就会有更为多元的形态，在不同的实践载体与实践方法的作用下，被纳入人们的价值观念体系，实现实践与价值的互动。在这一过程中，社会主义核心价值观除了依赖传播接受机制之外，还与人在社会实践活动中的体验与感悟密切关联。在实践转化过程中，个体通过日常的文化活动、人际交往以及教育工作者的情景创设，对社会主义核心价值观进行直观的感知，并在经验积淀、认知整合的基础上，以个体理性、情感和实践有机结合为前提，通过优化环境、稳定内化、强化实践等环节，对社会主义核心价值观产生一定的情感认同，完成实践后的内化。在此基础上，这种内化的价值观念直接决定了行为的外显状态，并在实践中不断修正，最终形成个体相对稳固的价值观念。这就是实践与价值的互动过程，个体在实践中促进了社会主义核心价值观内化为自身的价值观念；同时，个体也通过在实践中不断外化价值观念，而形成了自身较为稳定的价值体系。

社会主义核心价值观一旦转化为人们的价值观念，就进入相对稳定的状态。价值与理论的互动正是在这一状态下进行的，即通过研究人们的价值观念，对已有的理论体系进行补充与完善，修正原有理论框架中缺失的点位，为社会主义核心价值观的理论体系创新发展提供广泛的实践素材。通过对人们价值观念的研究，可以探寻社会主义核心价值观的认同规律、群体特征、建构过程等基础性理论问题，使社会主义核心价值观的理论体系根植于实践之中，也使其文化建构进入下一个环节。因此，这个螺旋上升的过程是"理论—实践—价值—理论"互动转化的过程。在这一过程中需要注意两方面内容：一方面，如何将社会主义核心价值观的理论转化为实践，而非单纯地依靠经验架构实践载体的具体方法；另一方面，如何从人们的价值观念中总结理论规律，而非简单地分析人们的日常行为忽视根源性的价值观念因素。这是实现价值与理论互动的关键所在。

四　社会主义核心价值观文化建构的评价反馈机制

社会主义核心价值观的文化建构体系得以有序运行，一方面在于科学合理的架构，另一方面在于系统内部形成的评价反馈机制使其不断优化和完备。这里的评价反馈机制是指在社会主义核心价值观文化建构过程中，对各个要素和环节的监督，对文化建构效果的各方面评价，以及根据评价和各要素各环节之间的反馈对运行体系进行调节与完善。

社会主义核心价值观文化建构体系的监测是指通过建立监测点、运用信息化手段等对社会主义核心价值观的各方面制度落实情况进行监督与测评。一般来说，监测是上级主管部门对下级部门落实社会主义核心价值观文化建构情况的一种常规性督促举措，目的是促进社会主义核心价值观在各领域各环节都能很好地落实，尤其是对基层的监督最为必要，反映的是逐级落实后的最终效果。在具体实施的过程中，社会主义核心价值观的文化建构监测应本着多层次全覆盖的基本原则，通过分级分层的监测体系确保全覆盖，以准确掌握问题出现的环节并及时修正调整。监测的方法有很多，一般为上级部门通过设置相应的监测点，搜集社会主义核心价值观文化建构的相关信息，或通过多媒体手段，对各地执行情况进行监控，从而达到监测的目的。总体来说，目前监测体系仍不健全，需引起相关部门的重视，在社会主义核心价值观文化建构过程中只有进行有效的监测，才能使评价反馈机制进一步完善。

在监测的基础上，对社会主义核心价值观文化建构进行准确评价是评价反馈机制的核心所在。与监测的重点在于"做"或"不做"不同的是，评价体系更为复杂地呈现了社会主义核心价值观文化建构的具体效果，即做得"好"或"不好"。评价的目的有两点：一是对落实效果好的单位或个人进行经验化总结和推广性宣介，促进社会主义核心价值观文化建构的效果提升；二是对效果相对较差的进行必要的督导，为其改进提供支持。在这样一个总体的评价目的与原则的基础上，要选取合适的评价对象。而根据工作内容的不同，评价的对象既包括社会主义核心价值观培育宣传的负责人，也包括不同群体践行社会主义核心价值观的效果，即对组织工作的评价与对个体价值观念的测评。如全国创建文明城市的测评就包括对组织的评价和面向民众的测评。社会主义核心价值观文化建构的评价一般分为过程性评价与结果性评价两大类，过程性评价主要是对相关工作举措是否合理进行测评，而结果性评价主要是对相关工作效果如何进行评估。

仅有监测和评价还不能实现对社会主义核心价值观文化建构体系的优化，还需要经过反馈与调节，如此才能形成完整的评价反馈机制。社会主义核心价值观文化建构体系中各要素和各环节之间存在一定的反馈关系，在工作体制上各环节的逻辑关联是一个双向通道，既有自上而下的工作内容传递，也有自下而上的工作效果反馈。具体而言，社会主义核心价值观从制度的顶层设计到进入社会的广泛传播再到获得广泛认同是一个大的通道，这一通道的反向路径则是人们的认同情况决定着社会的传播效果进而影响顶层设计。在更为复杂的监测评价体系中，相应的结果则可以通过一定的反馈渠道反映至制度的顶层设计部门，主管部门根据反馈结果进行必要的调节与修正，以进一步优化社会主义核心价值观的文化建构体系。一般来说，这种调节往往从目标、内容、方法等因素具体展开，通过整合分析反馈结果，对社会主义核心价值观文化建构的目标进行调整，对不同领域的内容进行整合，对建构的方式方法进行转化，从而全面提升文化建构的科学性、有效性。

五 社会主义核心价值观文化建构的条件保障机制

社会主义核心价值观的文化建构需要有全方位的支撑系统从而为其高效运行提供条件保障。除了领导体制的框架性制度确保文化建构体系外，以标准化、科学化为核心的资源条件，以规范化、长效化为核心的政策制度，以职业化、专业化为核心的人才队伍是社会主义核心价值观文化建构条件保障机制的重心所在，并共同构建和提供了社会主义核心价值观文化建构的资源平台、制度体系和人才支撑。

社会主义核心价值观的文化建构拥有广泛的社会资源和文化资源，而充分发挥这些资源优势以形成文化建构体系的关键在于资源的开发与整合。一是充分挖掘中华优秀传统文化资源，既要从整体上探寻传统文化作为中华文明的生长土壤体现出的文化自信，又要分门别类地挖掘传统文化中的时代因素，做好创造性转化与创新性发展，使优秀传统文化成为社会主义核心价值观文化建构的坚实基础。二是深度开发革命文化，充分利用纪念馆等红色文化资源，阐明革命精神与社会主义核心价值观的逻辑关联，使革命文化成为社会主义核心价值观文化建构的有力支撑。三是合理利用社会主义先进文化，将中国特色社会主义发展进程中出现的先进文化作为社会主义核心价值观的母体，搭建最为直接的资源平台，为社会主义核心价值观的文化建构提供有力的平台支撑。除此之外，社会资源也是社会主义核心价值观文化建构的重要支撑，要合理利用各类社会资源，打造社会主义核心价值观在全社会广泛传播的格局。

社会主义核心价值观的文化建构，不仅要靠思想教育、实践养成，而且要通过制度机制加以保障、固化和定型，这就需要建立健全相关制度，实现价值观建设与制度建设的良性互动。制度对社会主义核心价值观文化建构而言，既起到了鲜明的导向与框定作用，也发挥了约束功能，明确了基本的底线要求。一方面，制定完善各类工作制度、管理制度以及各类人员的行为规范，使社会主义核心价值观在社会传播中有一定的制度规范，为人们的日常工作、学习生活、社会交往等提供基本遵循。另一方面，把社会主义核心价值观的各方面要求反映在各项制度的制定和执行过程中，通过制度在全社会营造公平正义的氛围，保障社会主义核心价值观落实、落细，推动社会主义核心价值观文化建构体系的有序运行。

社会主义核心价值观文化建构的目标指向在人，具体的落实也在人，因此人是条件保障的关键，而人才是具有支撑作用的队伍的核心，主要包括专家学者、学校教师以及党员领导干部等。专家学者是社会主义核心价值观文化建构的理论建构者与阐释说明者，他们的理论观点构成了文化建构的基本框架，其阐释作用的发挥有助于社会主义核心价值观的文化建构。因此，专家学者作为人才支撑主要起了理论支持作用。学校教师是培育社会主义核心价值观的重点人群，直接影响着青少年学生对社会主义核心价值观的接受认同情况。在社会主义核心价值观的文化建构过程中，教师承担着"教育体系"向"学生价值体系"转化同时传递社会主义核心价值观的功能，习近平总书记多次强调"让有信仰的人讲信仰"[1]，这对教师的素养提出了基本的要求。因此，组建一支高素质的教师队伍决定了学校层面社会主义核心价值观文化建构的成效。党员领导干部是社会的骨干，他们对社会主义核心价值观的文化建构具有示范引领作用，因此要培养一批高素质的党员领导干部，抓好这一群体的思想道德与价值观念建设，以助推社会主义核心价值观的文化建构，促使广大人民群众更好地践行社会主义核心价值观。

---

[1] 《习近平谈治国理政》第 3 卷，外文出版社，2020，第 330 页。

第四章　社会主义核心价值观的文化博弈

　　"博弈"原指古代的棋类游戏，现多指"多决策主体之间行为具有相互作用时，各主体根据所掌握信息及对自身能力的认知，做出有利于自己的决策"[①]，目前已经在经济学、心理学、政治学等多个学科广泛应用。社会主义核心价值观的文化博弈，主要是指基于作为价值文化的重要内容，在文化全球化的背景下与不同国家的价值文化通过文化势能所进行的相互交融或制约。和其他领域的博弈一样，文化博弈既有可能是零和博弈，也有可能实现双赢，这在一定程度上取决于国家行为的动机和目的。如果国家行为的目的和动机是要增强自己的实力、削弱别人的实力，那么结果很可能是零和博弈，要么双方全输，要么赢者通吃；反过来，如果国家行为的目的和动机是为了吸引他人，同时希望他人吸引自己，那结果就可能是双赢。社会主义核心价值观的文化博弈也是如此。在全球化背景下，文化软实力受到前所未有的重视，甚至已经上升至国家战略的高度，提升文化软实力也是增强国际竞争力的需求。文化博弈是一场没有硝烟的战争，在各国文化交流交融的过程中，文化的价值内核成为其软实力的关键要素。博弈有交流与碰撞、对话与交锋、合作与冲突的区别，博弈的结果也有"零和"与"共赢"的基本形态。社会主义核心价值观是我国文化软实力的重要体现，也是文化博弈中重要的价值力量，是国家精神独立性的重要体现。因此，在全社会积极培育和践行社会主义核心价值观的同时，还应重视作为"历史向世界历史转变"的社会主义核心价值观与世界各国文化博弈的立场定位与策略选择，这是不可回避的现实问题。

---

　　① 顾雅君编《新编西方经济学》，同济大学出版社，2018，第254页。

第一节　社会主义核心价值观文化博弈的思想基础

社会主义核心价值观的文化博弈是在运用马克思主义理论和方法，汲取中国传统智慧，科学分析和把握当今世界发展的基本矛盾和全球性问题的基础上提出的时代命题。马克思主义理论尤其是马克思关于世界历史的思想，揭示了社会主义核心价值观从特定民族的孤立发展向世界历史转变的内在规定性，是合规律性与合目的性的统一，符合本土建构与跨文化传播互构的基本规律，为文化博弈提供了理论起点、逻辑起点和价值起点。

一　"历史向世界历史转变"的基本遵循

习近平总书记在纪念马克思诞辰 200 周年大会上的讲话中强调："学习马克思，就要学习和实践马克思主义关于世界历史的思想。"[①] 世界历史反映了人类社会发展的历史规律，在《德意志意识形态》中，马克思、恩格斯根据资本主义生产方式的运动趋势，阐述了人类历史从民族历史向世界历史转变的总体走向。"各个相互影响的活动范围在这个发展进程中越是扩大，各民族的原始封闭状态由于日益完善的生产方式、交往以及因交往而自然形成的不同民族之间的分工消灭得越是彻底，历史也就越是成为世界历史。"[②] 从世界历史的角度来看，首先要将世界市场、世界交往和世界文化的基本关系梳理好。随着生产力的发展、资本的全球扩张以及交往范围的扩大，不同民族间的分工逐渐消灭，统一世界市场和世界文化的形成使一切物质生产和消费成为世界性的，精神生产也同样具有世界意义，世界由民族历史走向世界历史。如此来看，世界市场是世界交往和世界文化形成的必要条件，同时世界交往和世界文化的生成相互交融。所有的交往都是物质生产基础上的社会关系实践，世界市场中不断进行的世界交往形成了世界文化。在世界市场、世界交往和世界文化三者的关系中，

---

① 习近平：《在纪念马克思诞辰 200 周年大会上的讲话》，人民出版社，2018，第 22 页。
② 《马克思恩格斯选集》第 1 卷，人民出版社，2012，第 168 页。

世界交往起了催化作用，"只有当交往成为世界交往并且以大工业为基础的时候，只有当一切民族都卷入竞争斗争的时候，保持已创造出来的生产力才有了保障"①。生产力的保障进一步推动了世界市场的形成，进而使世界交往更具有普遍性。同时，普遍的世界交往也带来了普遍的竞争。"大工业发达的国家也影响着那些或多或少是非工业性质的国家，因为那些国家由于世界交往而被卷入普遍竞争的斗争中。"②博弈是竞争关系的呈现方式，社会主义核心价值观的文化博弈就是"世界历史"形成过程中，经济全球化背景下普遍的世界交往带来的世界文化形成的常态。"历史成为世界历史"的过程必然为"交往成为世界交往"创造条件，"交往成为世界交往"也对"历史成为世界历史"起到必要的促进作用，二者具有本质上的共通性与进程的一致性。当今时代，经济全球化、文化全球化就是世界市场的基本状态，在此背景下世界交往模式与世界文化格局交互影响，普遍竞争是世界各国在交往中的必然现象，其中既有经济、军事等硬实力上的竞争，也有文化软实力的竞争，博弈作为竞争的产物必然会出现。因此，社会主义核心价值观的文化博弈具有历史必然性。

人类历史是普遍存在的，任何一个民族的历史作为世界历史的一部分，都要遵循世界历史形成的基本规则，也就是说，世界历史的形成具有普遍性。由民族历史转向世界历史，是在生产力的发展引起普遍交往后实现的，而非单纯的精神推动，即经济、政治、文化等方面的交往在世界历史形成过程中起了关键作用。世界历史的实现不是一蹴而就的，而是不断发展、逐渐实现的，体现了过程性与阶段性。马克思、恩格斯在《共产党宣言》以及其他著作中，对世界历史进程的三种样态作了如下论述。其一，殖民扩张时期打破了地理隔绝状态。殖民主义进行的资本、政治与军事扩展，给新兴资产阶级开辟了新天地，是世界历史形成的重要途径。其二，经济全球化时期逐渐形成世界市场。生产力的发展和资本的到处流动，使一切国家的生产和消费都成为世界性的，区域性和民族性的封闭状

---

① 《马克思恩格斯选集》第 1 卷，人民出版社，2012，第 188 页。
② 《马克思恩格斯选集》第 1 卷，人民出版社，2012，第 195 页。

态被打破，出现了经济全球化，世界市场也逐渐形成。其三，"自由人联合体"时期形成了世界历史。随着经济全球化的进一步发展，文化全球化不断凸显，科学、艺术、哲学、政治等上层建筑的交流程度不断加深。历史从民族历史向世界历史转变，是科学的规律，也是历史的必然。《共产党宣言》指出："各民族的精神产品成了公共的财产。民族的片面性和局限性日益成为不可能，于是由许多种民族的和地方的文学形成了一种世界的文学。"① 世界市场不仅扩散着产品，也传播着文化、塑造着文明。随着生产力的发展和资本的全球扩张，各民族必然会打破地域性隔阂，冲破民族界限，历史也必将成为世界历史。随着全球化的不断发展，相互依存的新世界正在形成，这个新世界的重要特征便是多样化基础上的统一。社会主义核心价值观文化博弈是"历史向世界历史转变"的必然趋势。马克思恩格斯语境中的"世界文学"是站在人类文明的角度，推进世界多元文化样态的共融共通。社会主义核心价值观作为社会主义先进文化的精神内核和中国人民的价值观的"最大公约数"，是"世界文学"的重要组成部分，具有"历史向世界历史转变"的必然性。社会主义核心价值观既是人类社会实践史在中国特色社会主义时空维度的具体展开，也符合马克思主义世界历史思想的逻辑规定，通过"三个倡导"的价值凝练，在中华民族的历史成为世界历史的进程中，必然会与不同的文化进行多向度的博弈。诚然，文化的多样性决定了世界文化也是多元交互的，这种由"许多种民族的地方的文学"形成的共同体的动态平衡过程即文化博弈的过程。

二　"合规律性与合目的性相统一"的基本原则

社会主义核心价值观是基于中华优秀传统文化和新时代面临的问题所提出的符合广大人民群众根本利益和价值诉求的价值文化，既遵循了世界历史发展的客观规律，也符合全人类走向解放和实现个体自由全面发展的终极目标。世界正处于大发展大变革大调整时期，没有哪个国家自我封闭成为孤岛，也没有哪个国家能够独自应对人类面临的价值挑战与诉求。

---

① 《马克思恩格斯选集》第 1 卷，人民出版社，2012，第 404 页。

"今天，人类交往的世界性比过去任何时候都更深入、更广泛，各国相互联系和彼此依存比过去任何时候都更频繁、更紧密。一体化的世界就在那儿，谁拒绝这个世界，这个世界也会拒绝他。"① 从世界历史来看，社会主义核心价值观必然会与世界各国文化进行多向博弈，这是合规律性与合目的性的统一。

从规律层面分析，社会主义核心价值观的文化博弈，符合民族历史向世界历史转变的社会历史发展规律。社会主义核心价值观的提出，是中国基于时代发展的现实样态所提出的价值方略，但又不仅仅是一种价值观念，更是一种文化或文明的延续与集合体。可以说，社会主义核心价值观的文化属性既体现为对中华优秀传统文化的传承，也体现为对西方优秀文化的吸收与借鉴。人类社会需要新的发展，世界历史必然会进入新的阶段。社会主义核心价值观的文化博弈由马克思指出的世界历史的"总体"逻辑所决定。站在世界历史的高度和新的历史起点，社会主义核心价值作为"历史向世界历史转变"的必然产物具有世界性。博弈产生于民族性向世界性转变的过程中，文化博弈是价值观由民族性转向世界性过程中所必然经历的。人类社会发展到今天，生产力不断发展、经济全球化不断推进、社会分工越来越细、人类交往越发频繁，只有从更高站位来审视社会主义核心价值观的文化出场，才能更好地把握其本质属性。在民族历史向世界历史转变的时代背景下，审视人类文明共同体的文化属性不难发现，人类面临的种种社会问题与思想困惑，都需要从社会文化的价值体系中寻求答案。在文化哲学意义上，社会主义核心价值观是能够促进人类社会和平发展的价值理念，既能维护民族利益又能深刻观照人类命运的精神内核。社会主义核心价值观的文化博弈，正是在充分吸收、提炼中国文化价值精神的基础上，面向世界文明进行的中国价值立场的表达。在文化博弈中，社会主义核心价值观具有促进不同文明和谐共融的凝聚力，对当今世界意义上的民族交往、道德建设等具有重要启示和方法论意义。

---

① 习近平：《在纪念马克思诞辰 200 周年大会上的讲话》，人民出版社，2018，第 22 页。

从目的来看，社会主义核心价值观符合新时代中国特色社会主义的发展目标。目前，现代化已经成为世界历史发展的趋势，生产力的提高和全球化的推进已经为中国特色社会主义的发展奠定了基础。在世界历史进程中，中国必须大力发展生产力并扩大交往范围，向社会主义现代化强国迈进，这是中国特色社会主义自身发展的要求，也是顺应世界历史发展的趋势。社会主义核心价值观的文化博弈就是要将中国特色社会主义发展与世界历史发展相统一，让中国的主流价值观念成为国际社会公认的价值标识。合目的性要求人的现实活动与最终目标相一致，这属于人类活动的价值取向。社会主义核心价值观的文化博弈并非文化扩张或意识形态输出，而是在世界历史形成过程中，与世界文化达成价值共识。在价值取向上，社会主义核心价值观与人的美好生活需求紧密关联，关注的是人们的共同利益，要引导人们在普遍交往和交流中，达成价值共识。人类从分散到整体的转变既是世界历史和全球化发展的必然趋势，也是不同文化在全球化语境中的必然要求，更是基于共赢逻辑的文化自觉。人类社会的历史发展是从分散到整体的演进过程，在这一历史进程中，人们通过实践活动创造了知识、观念和文化，文化中的价值成分通过规约引导人们的行为，保障社会的有序运行。价值观是具有文化凝聚作用的无形的纽带，人类社会从分散走向联合的过程，始终伴随着价值观的交流融合和文化博弈。社会主义核心价值观的文化博弈在合目的性上同样如此，要在博弈之中充分发挥文化的纽带作用，超越民族地域局限，尊重文明差异性，建构共赢的文化逻辑，为社会主义核心价值观的跨文化传播提供深层次的文化根源。社会主义核心价值观文化博弈的目的在于建构具有共通性的世界文化。有学者提出了从"A纪元"到"B纪元"的范式变迁，所谓"A纪元"，是指基于个体自由的文化发展阶段，社会的价值取向趋于独立、竞争和权利的占据；而"B纪元"是基于群体道德发展的阶段，整体的价值取向为合作、共赢与协调共进。① 这种范式变迁事实上就是社会主义核心价值观文化博弈过程中对内、对外的双重审视。从发展的眼光来

---

① 李梦云：《建设人类命运共同体的文化构想》，《哲学研究》2016年第3期。

看，社会主义核心价值观在文化博弈过程中，既要继承与发扬中华优秀传统文化，又要在对外博弈中不断吸收借鉴人类文明成果，从而催生具有创造性的新文化。

三 "价值文化建构与传播互构"的基本规律

"文明因交流而多彩，文明因互鉴而丰富。文明交流互鉴，是推动人类文明进步和世界和平发展的重要动力。"[1] 社会主义核心价值观的文化博弈应秉持交流互鉴的基本立场，本着求同存异、休戚与共的精神，以开放包容、合作共赢的心态谋求共同发展，促进世界各国以对话沟通与行为协调增强国际凝聚力，以完善机制性合作发挥建设性作用。社会主义核心价值观的文化博弈从本质上说是中国的价值观念在全球范围内的世界话语表达，其本土建构与跨文化传播是互构关系：本土建构深入挖掘、整合了社会主义核心价值观的文化资源，从体系上打造出社会传播的基本格局，为跨文化传播做出了基础性贡献；跨文化传播是在本土建构的基础上，进一步扩展建构场域的基本路径，是在"引进来"的同时又"走出去"的必由之路，而对外传播必然会与不同国家的价值文化进行博弈。因此，一切价值文化都不是某个国家或者民族固有不变的理念，在全球化进程中必然会经历文化的博弈与跨文化传播，社会主义核心价值观同样如此，在根本上是以人类社会为基础的价值观。任何社会的价值观体系都是以核心价值观为主导，并有多层面、多维度的价值观与之相伴的整体，是"一"与"多"的有机统一。一个国家的社会维度与全球多个国家构成的国际社会维度在价值观体系上具有同理性。社会主义核心价值观要想在国际社会成为主流、主导性的价值观念，与国家的综合实力、肩负的责任、树立的形象等多方面因素密不可分。在推动世界各国繁荣发展、联合世界各国力量开展全球治理的过程中，作为有意愿引领全球共同解决问题、促进发展进步的一种价值观，不排斥各国主流价值观的存在是基本的价值准则。随着世界多极化、经济全球化的发展，社会信息化、文化多样化持续推

---

[1] 《习近平谈治国理政》，外文出版社，2014，第258页。

进，国际社会日益成为一个"你中有我、我中有你"的命运共同体。在文化博弈过程中遵循建构与传播互构的基本规律，就是要强化社会主义核心价值观推动国际社会达成价值共识、发挥社会主义意识形态的集合性和统一性作用，使各国能够凝聚力量，共同推动世界发展；尊重差异、包容多样，使世界各国的主流价值观能够与社会主义核心价值观相互借鉴、聚合，实现彼此间平等对话、和谐沟通，在求同存异、和而不同中共生、共存和共融。社会主义核心价值观在文化博弈的过程中，应针对不同国别和地区、不同领域和层次的社会力量及资源协同配合，通过分众化、分层次、分国别的跨文化传播策略，整合各国力量，共同推动其在国际社会的传播。要把中国人民与世界各国民众都看作社会主义核心价值观的培育主体和践行主体，应通过认识和理解，使各国民众进一步接受和认同社会主义核心价值观，并将之转化为维护世界和平、促进共同发展的力量之源。

社会主义核心价值观遵循"价值文化建构与传播互构"的基本规律还表现在民族性与世界性的相互结合上。在全球化进程中，世界各国都要兼顾本国利益与人类共同利益，促进本国发展与世界共同发展。社会主义核心价值观的文化博弈必须遵循民族性与世界性相结合的基本原则。中国的价值观念既要有民族立场，又能够积极增进人类共同的价值，国外的价值观同样如此。在此原则下，社会主义核心价值观的文化博弈应具备以下几种意识。民族国家意识、民族—全球间意识和全球意识。就民族国家意识而言，要使中国人民明确社会主义核心价值观的根本立场，文化博弈与跨文化传播过程中应该吸收借鉴人类文明成果，但根本出发点在于维护民族与国家的利益以及全人类的共同利益，在维护民族国家发展的基础上推动人类命运共同体的实践。就民族—全球间意识而言，要使世界各国民众充分认识民族国家与全球社会的互动关系，明晰国内与国际的分化与差别，在进一步把握全球化实质的基础上认识到全人类可以达成一定的价值共识。就全球意识而言，要使世界各国民众站在全人类的高度思考问题，在应对全球性问题的过程中采取相应的行为模式，并具有全球化观念，任何文化博弈都不应损害人类利益，任何价值观成为共识都要重视公平正义，同时还应尊重多元文化、积极承担国际责任等。社会主义核心价值观的文化博弈过程也是培育世界各国民众的民族国家意识、民族—全球间意识和全球意识的过程，使其在把握民族性和世界性的基础上积极参与人类共同价值的构建和实践。

在社会主义核心价值观的文化博弈中，本土培育建构和跨文化传播是两个互构的场域，这是博弈展开的必然逻辑，即努力实现社会主义核心价值观的本土培育与跨文化传播，使中国的价值观念能够在中国本土甚至全球范围内落地生根。社会主义核心价值观的本土建构是指，中国作为社会主义核心价值观的提出者和倡导者，首先要对本国民众进行价值观培育，使社会主义核心价值观成为人们内在的精神追求，进而推动其跨文化传播。跨文化传播则是面向世界各国民众进行社会主义核心价值观的传播，代表社会主义的价值观念在世界范围内进行文化博弈，彰显价值立场，让世界各国自觉参与人类共同价值的建构。社会主义核心价值观的本土培育与跨文化传播不是单独的点位，而是一体两面、相互影响的，二者既存在区别也关联紧密，在双向互动的过程中共同促进社会主义核心价值观的认同。

第二节　社会主义核心价值观文化博弈的目标指向

博弈作为一个政治学术语具有多重语义，文化博弈也是如此。如果一个国家的文化作为工具是以竞争对抗为目的，是同他人竞争、强迫他人的手段，那结果必然是零和博弈。反之，如果一个国家的文化作为载体是致力于促进合作，结果则有可能是双赢。事实上，文化背后的基本逻辑是一种价值逻辑，文化博弈在本质上是一种价值的博弈，而社会主义核心价值观文化博弈的初衷是搭建文化交流平台、树立新的国家形象、追求和而不同的价值理念。

一　搭建文化交流平台

人类文化关涉生活方式及核心价值，一个民族的文化共识是其民族身份的重要标志。文化危机是民族生存的危机,文化安全是民族生存和发展的安全,文化博弈是关乎民族生存与发展的博弈。社会主义核心价值观是一种文化,社会主义核心价值观的文化博弈是在跨文化传播中发生的。随着全球化进程的不断加快,各国文化在更大范围、更多领域进行交流和传播,这种文化上的相互依存,使得不同文化模式在交流碰撞中相互接纳和融合。任何一种文化都不能独立地生存和发展,而是要相互依存、打破界限、超越自我,寻求共同的价值理念。当然,有学者认为不同文化背景下的价值观是相互冲突的,并不具备传播和融合的条件。塞缪尔·亨廷顿就是"文明冲突论"的代表性人物。该流派认为,文化在全球化语境中存在异质化趋向,文化交流传播的过程也是发达国家价值观输出的过程,这种输出会威胁传播方的文化安全,带来一定的文化危机。马克思和恩格斯曾经预言:"资产阶级,由于开拓了世界市场,使一切国家的生产和消费都成为世界性的了……物质的生产是如此,精神的生产也是如此。各民族的精神产品成了公共的财产。"① 随着全球化的不断推进,这种"公共财产"意味着那些落后于时代发展的本土文化将在外来文化的冲击下逐渐边缘化,如若得不到有效的培育和扶植,在某种程度上甚至将会消亡,而文化的消亡意味着一个民族灵魂的灭亡。如此看来,文化博弈关乎国家、民族的安危存亡。从博弈的结果来看,既有可能出现零和博弈,有文化的扩张就有文化的消亡,也有可能出现共赢,民族文化在不同文明的交流互鉴中不断丰富发展。社会主义核心价值观是社会主义先进文化的时代体现,其文化博弈伴随着跨文化传播,是为了搭建中西方文化交流的平台,在内容上是以文化产品为载体的物质传播和精神传播,这一传播过程与西方国家的价值观输出具有本质上的不同,不是带有文化扩张与文化入侵意图的目的性传播,而是使各国文化能够与中华民族文化进行交流、交融。

社会主义核心价值观的文化博弈,应在搭建文化交流平台的过程中寻求对不同文化的尊重和理解,将其作为一个谋求共识、包容差异、尊重人类文明多样性的概念。搭建文化交流平台,需要具有世界眼光和全球视

---

① 《马克思恩格斯选集》第1卷,人民出版社,2012,第404页。

野，还要足够了解各国的文化、风俗、民意，强化多元文化的沟通交流。首先要坚持多元文化包容互鉴、求同存异的原则。世界是由不同的文化圈构成的，每一个文化圈都有自己的话语体系和风格。对待多元文化，我们要坚持包容互鉴的原则，使其能够在多元文化的交流沟通中张弛有度，进而实现共同发展。其次要提高多元文化间沟通交流的敏感度。在多元文化视域下，不同文化之间既有差异，又有相通之处。在多元文化的沟通交流中，要对文化的多与少、同与异保持敏感性，使其在不同文化的交流互动中不致发生冲突，进而和谐共生。最后要增强跨文化沟通能力。在社会主义核心价值观文化博弈的过程中，不同国家及民众所构成的行为主体是多元文化沟通交流的重要力量。在多元文化背景下，增强不同国家主体跨文化沟通的能力尤其重要，而后才能以实际行动参与社会主义核心价值观的交流实践，进一步达成价值共识。

在搭建文化交流平台的同时，社会主义核心价值观的文化博弈还要加大话语建构与传播力度。如果说中国梦是一个能让中国人民感同身受的概念，那么社会主义核心价值观在内容表达上则是一种融通中外、让各国民众感同身受的话语表达。社会主义核心价值观的文化博弈必须以话语建构为前提。首先可借助国际议题进行话语建构。可将其作为对外传播的重要议题，借助"一带一路"倡议在全球范围内产生的效应，在合适的外交场合，用别人能够听懂的方式，积极向国际社会进行阐释和宣传，进一步提升社会主义核心价值观在世界范围内的认知度。其次要加强对传播对象的认识和了解。要不断深化对跨文化交流规律和被传播国历史文化的研究，同时要加强对传播对象的认识、了解和理解，在此基础上用传播对象喜欢的方式和话语介绍中国和中国的全球倡议，以加深彼此的认识，在国际上开展以社会主义核心价值观为主题的广泛对话，为文化博弈必然面临的公共话语转换创造条件。最后要增强中国价值观念的国际传播。社会主义核心价值观作为中国价值观念的一种，不仅需要转换话语方式，让国际社会更好地了解这一具有中国特色的话语形式，同时也要增强中国媒体的传播力、中国媒体与世界媒体的互动力，在全球构建中国价值观念国际传播的良好环境，从而为社会主义核心价值观的文化博弈打下坚实基础。总之，社会主义核心价值观的文化博弈以搭建文化交流平台为目的，一方面，要对内做好社会主义核心价值观的培育，在引进各国文化的同时坚守中国的价值立场，做到不被消解；另一方面，要摒弃零和博弈的立场，搭建文化交流的平台，促进社会主义核心价值观与世界各国文化合理地交流、交汇、交融。

二　树立新的国家形象

文化博弈所主张的价值观念直接影响着国家形象的树立，社会主义核心价值观文化博弈的一个重要目的就是树立新的国家形象，在国际社会客观而又充分地展现国家魅力。"从历史上看，对价值观念来说，先进的未必一开始就能占据主导地位，落后的也不会主动退出历史舞台。由于西方长期掌握着'文化霸权'、进行宣传鼓动，当代中国价值观念存在太多被扭曲的解释、被屏蔽的真相、被颠倒的事实。"① 社会主义核心价值观的文化博弈旨在消解西方"文化霸权"视域下带有"刻板成见"的中国形象。文化霸权，或称"文化领导权""领导权"，源自希腊文，指来自别国的统治者，后来意指一个国家对另一个国家的政治支配或控制。葛兰西将文化霸权界定为社会各个阶级之间不局限于政治控制的支配或统治关系，包括世界观、社会关系等方面的普遍性支配关系，并形成了具有一定影响的文化霸权理论。借助这一理论不难发现，文化霸权的本质不在于"领导"而在于"权"，即如何通过文化的方式进行精神与思想上的统治，这种统治不仅仅需要一定的经济基础，更需要通过文化博弈的优势合法化其精神统治意图，从而避免暴力压迫带来的顺从。与西方国家文化博弈的立场不同，"中华民族的血液中没有侵略他人、称王称霸的基因，中国人民不仅希望自己发展得好，也希望各国人民都能拥有幸福安宁的生活"②。党的二十大报告明确指出："我们真诚呼吁，世界各国弘扬和平、发展、公平、正义、民主、自由的全人类共同价值，促进各国人民相知相亲，共

---

① 《习近平关于社会主义文化建设论述摘编》，中央文献出版社，2017，第199页。
② 习近平：《在纪念辛亥革命110周年大会上的讲话》，人民出版社，2021，第10页。

同应对各种全球性挑战。"①中国发展到今天，已然成为世界第二大经济体并沿着和平发展的道路高歌猛进，立足新发展阶段的中国有了新的国际角色，在担负起大国责任的同时，也需要通过社会主义核心价值观的文化博弈重新树立国家形象。尽管改变国际社会的误解与偏见有一定难度，但是中国国家形象确需在国际社会重新树立，而社会主义核心价值观的文化博弈正是树立国家形象的重要实践。

国家形象是通过国际互动树立起来的。中国的国家形象不仅是国人和国家机器的自我判定，还需要在互动中得到国际社会的认可。社会主义核心价值观的文化博弈是基于文化传播的交流互动，与文化霸权在本质上最大的区别在于没有任何政治控制目的，而是在新的时代背景下，通过文化的交流与传播增进文化认同从而进一步优化国家形象。中国在跨文化传播和文化博弈中所追求的价值认同首先是一种基于彼此理解的客观性认识，没有任何政治目的作为附加条件，这种客观性认识是中国树立国家形象的必要条件而非文化霸权主义对别国的政治支配或控制，社会主义核心价值观文化博弈的目标是树立新的国家形象。因此，在具体的实践策略中，社会主义核心价值观应通过文化博弈实现跨文化传播，"提高国家文化软实力，要努力提高国际话语权。要加强国际传播能力建设，精心构建对外话语体系，发挥好新兴媒体作用，增强对外话语的创造力、感召力、公信力，讲好中国故事，传播好中国声音，阐释好中国特色。对中国人民和中华民族的优秀文化和光荣历史，要加大正面宣传力度，通过学校教育、理论研究、历史研究、影视作品、文学作品等多种方式，加强爱国主义、集体主义、社会主义教育，引导我国人民树立和坚持正确的历史观、民族观、国家观、文化观，增强做中国人的骨气和底气"②。作为世界大国，中国需要在国际社会树立与自身发展相称的文化形象，同时也需要时刻警醒西方文化霸权的入侵，在文化博弈中坚守价值立场，以自身的影响力、亲和力和吸引力建构国家

---

① 习近平：《高举中国特色社会主义伟大旗帜 为全面建设社会主义现代化国家而团结奋斗——在中国共产党第二十次全国代表大会上的报告》，人民出版社，2022，第63页。

② 《习近平谈治国理政》，外文出版社，2014，第162页。

新形象。

"我们应该塑造中国历史底蕴深厚、各民族多元一体、文化多样和谐的文明大国形象；政治清明、经济发展、文化繁荣、社会稳定、人民团结、山河秀美的东方大国形象；坚定和平发展、促进合作共赢、维护国际公平正义、为人类做出贡献的负责任大国形象；对外更加开放、更加具有亲和力，充满希望、充满活力的社会主义大国形象。"① 在文化博弈中树立大国形象时，需要坚定立场和态度。第一，坚定自信。改革开放以来，中华民族迎来了从站起来、富起来到强起来的伟大飞跃，但在强手如林的国际社会中仍然面临着严峻的挑战。应在文化博弈中牢固树立"四个自信"，从容应对国际社会的风云变幻，冷静对待国内发展的成败得失，如此才能更清晰地认识中国与世界的关系，更好地树立坚定自信的国家形象。第二，开放包容。世界是丰富多彩的，我们要善于集世界文明之精华，与不同国家、不同地区、不同制度的民族和国家和睦相处、和平竞争、共同发展。社会主义核心价值观的文化博弈必须尊重世界文化多样性，以文明交流消除文明隔阂、文明互鉴取代文明冲突、文明共存超越文明优越，塑造开放包容的国家形象。第三，踏实求进。当前，中国仍然是一个发展中国家，我国离世界强国还有很长的路要走。社会主义核心价值观的文化博弈应该让当代国人对中国的发展定位具有更加清晰的认识，不可妄自尊大、盲目骄傲，应当扎扎实实、埋头苦干，以艰苦奋斗实现理想目标，以改革创新促进长远发展，向世界一流强国不断迈进。第四，谋求共赢。在经济全球化的大背景下，各国利益交融，不能通过损害他国利益来谋求自身发展。社会主义核心价值观的文化博弈同样如此，应当促进当代中国人积极参与国际交流与合作，与其他民族和国家的民众深入交往、互利友好、优势互补，努力将合作的"蛋糕"做大。第五，勇于担当。对于进入新时代的中国来说，想被世界接纳不能仅仅靠"融入世界"，还要积极参与国际事务、勇于承担国际责任。中国在社会主义核心价值观的文化博弈中，必须为达成价值共识做出努力，推

---

① 韩震：《社会主义核心价值观的话语构建与传播》，中国人民大学出版社，2019，第179页。

动全球治理体系朝着更加公正合理的方向发展，"始终做世界和平的建设者、全球发展的贡献者、国际秩序的维护者，同世界各国人民一道，共同创造人类和平与发展的美好未来"①。因此，文化博弈的立场决定了中国要在国际社会取得信任，必须不断承担并履行国际责任和义务，以负责任的大国定位树立世界和平的建设者、全球发展的贡献者、国际秩序的维护者的良好形象。

三 追求和而不同的价值理念

人类文明的发展进步，不可能只遵循一条路径，也不应该只推行一种模式。社会主义核心价值观文化博弈的根本立场就是追求和而不同，价值文化的多样性决定了文化交流的包容性，单凭强势的文化输出终将难以维护自身的地位。在环境开放、文化多元的信息时代，作为世界第二大经济体的中国所倡导的价值观念与其他国家的价值观念进行的文化博弈也进入了新的阶段。总体而言，中国成为世界第二大经济体，也需要建构与硬实力相匹配的价值文化，社会主义核心价值观的提出则从国家、社会、个人三个层面对中国提倡的价值观念进行了明确的表达。由于历史积淀与发展路径的不同，社会主义核心价值观与西方国家所倡导的价值观念有着本质区别，进而产生了不同价值观在文化博弈中的焦点问题。中国在几千年传统道德文化的积淀中始终坚持以"和"为核心的价值理念，追求和而不同。这也是社会主义核心价值观文化博弈的一个根本立场。在当前世界经济发展的新形势下，各国相互依存、命运交织。霸权主义和零和思维已不适应世界发展的需要，价值文化的多元性为建立新型的文化竞合关系——正和博弈提供了可能，正和博弈主张以竞争求合作，以合作促良性竞争，进而实现双方文化的交互提升。

社会主义核心价值观的价值旨归，是坚持、倡导和奉行共赢的价值取向。"共赢"是指社会主义核心价值观的发展必须能够惠泽众人、福利全体，使得文化博弈的双方都能成为赢家，去除"你赢我输"或"我赢你

---

① 习近平：《在纪念孙中山先生诞辰 150 周年大会上的讲话》，人民出版社，2016，第 12 页。

输"的"零和状态"。共赢始终与合作紧密相连，合作共赢因而成为社会主义核心价值观文化博弈的精神要义，也正如习近平同志所强调的："各国要树立命运共同体意识，真正认清'一荣俱荣、一损俱损'的连带效应，在竞争中合作，在合作中共赢。在追求本国利益时兼顾别国利益，在寻求自身发展时兼顾别国发展。"[①] 这是社会主义核心价值观文化博弈所应遵循的基本价值立场。共赢首先是指世界各国要联动发展。世界经济的强劲增长来源于各国经济的共同增长，同理，世界政治格局、文化样态的稳定与繁荣，也来源于世界各国的共同努力。在世界各国相互依存的时代背景下，让每个国家繁荣发展都能同其他国家的繁荣发展形成联动效应，互帮互助解决所面临的突出问题，相互协调带来正面的外溢效应。此外，共赢还强调世界各国要认清共同利益。经济全球化使得国与国之间的利益相互渗透、相互交融，世界各国成为具有共同利益、无法割裂的整体，这就决定了任何国家及个人必须与其他国家及个人合作发展、共同发展、互利共赢，因此要把本国利益同各国共同利益结合起来，在谋求本国发展中促进各国共同发展。最后要通过共赢促进共同繁荣。尽管当前逆全球化趋势愈发明显，国际社会中不同国家依然具有较强的相互关联性，不同领域之间存在环环相扣的共生结构，和平发展、合作共赢已成为时代潮流，任何一个国家的繁荣与发展，不应也不允许再走以牺牲他国利益和发展为代价的老路，从双赢、多赢到共赢，使不同国家、不同阶层、不同人群在共享全球发展成果的同时，能够互帮互助、互惠互利，互通有无、优势互补，从而各尽所能、合作共赢。

"和合"思想是中华优秀传统文化的核心，是一种具有较强生命力的文化元素，无论是传统文化中的"礼之用，和为贵""协和万邦""亲仁善邻"，还是当今中国倡导的"和平发展、和谐相处、合作共赢"，无不体现出"和"是中华民族历来追求的价值理念。习近平总书记强调："这种贵和尚中、善解能容、厚德载物、和而不同的宽容品格，是我们民族所追求的一种文化理念。自然与社会的和谐，个体与群体之间的和谐，我们

---

① 《习近平谈治国理政》，外文出版社，2014，第336页。

民族的理想正在于此，我们民族的凝聚力、创造力也正基于此。甚至还可以毫不夸张地说，我们中华民族传统文化的精髓也正是在于这种伟大的和谐思想。"① 因此，社会主义核心价值观在文化博弈中追求和而不同是中国文化基因的价值要求，也是世界发展到今天的必然趋势。一方面，在文化博弈的过程中，对外要尊重世界各国各民族的文化成果，充分理解不同价值文化的差异性，同时要维护世界文明的多样性，而不是怀着文化优越感凌驾于其他价值文化之上，并将自我意志强加于他国文化，以构建一种文化霸权状态下的全球秩序。这种价值立场是"和而不同"的基本要求。另一方面，文化博弈除了对外，还要注重对内的自身建设。这就要求社会主义核心价值观在文化建构过程中必须从传统文化中汲取"和合"思想，并合理地吸收借鉴文化博弈过程中和其他国家民族文化交流所得的有益成分，处理好文化之间的差异性关系，认识到各个国家民族文化的独特性，做到求同存异、交流交融、互学互鉴。总的来说，社会主义核心价值观的文化博弈要坚定价值立场，就要遵循"不忘本来、吸收外来、面向未来"的准则，促进文化的繁荣发展。

"万物并育而不相害，道并行而不相悖。"在社会主义核心价值观文化博弈的过程中，"和"与"同"的出发点在于对外来文化的基本尊重，而"求同存异"则为文化博弈提供了基本准则。因此，社会主义核心价值观的文化传播，是谋求全球共识，而非重建秩序。这种价值共识是基于尊重多样性和差异性的价值共识，而非抑制文化多元化发展的文化霸权。美国的强权政治一直将维护全球秩序作为其传播资本主义价值文化的借口，而达成价值共识则是文化博弈的必然走向。社会主义核心价值观文化博弈的目的，并非重新建构一套新的国际秩序，而是在现行体系中让世界听到"中国故事"和"中国声音"，达成价值共识。这种价值共识的达成具有必然性和合理性。事实上，世界各国各民族的文化具有"共通性"，不同文化背景下的人可以在文化交流中表达基本或根本一致的观点和态度。社

---

① 习近平：《干在实处　走在前列——推进浙江新发展的思考与实践》，中共中央党校出版社，2016，第 296 页。

会主义核心价值观文化博弈的目的在于不同价值通过相互交流沟通，达成基本一致的看法，在保留原有文化本质的前提下找到"世界文化的公分母"。因此，社会主义核心价值观的文化博弈是一种"视域融合"，这种视域融合是在包括社会主义核心价值观在内的多元价值具有差异性的前提下，在交互作用的过程中能够摆脱偏见，形成具有普遍性的彼此交融的新视域。需要强调的是，这种新视域并非社会主义核心价值观与其他价值文化的同质化，而是一种全球性的价值共识。

第三节　社会主义核心价值观文化博弈的策略选择

随着全球化的不断推进，全球公共问题和非传统安全问题日益突出，各国相互依赖的程度日益加深，权力的可转换性逐渐降低。世界政治越来越倾向于"复合相互依赖模式"，军事、经济等权力的可转换性越来越小，军事实力、经济实力转化为非军事非经济领域的影响力逐渐减弱。社会主义核心价值观的文化博弈正是当前应对国际国内新形势的"中国方案"，其具体的博弈策略则蕴含着"道""术"之争的关键点位。

一　发挥价值文化体系优势

社会主义核心价值观是文化的灵魂，其着眼于人类历史发展的方向，决定了自身所具有的价值体系的优势。从内容层面来看，核心价值观既涵盖国家层面和社会层面的内容，又包括公民道德层面的规范。对国家和社会而言，社会主义核心价值观体现了国家制度的先进性，指明了发展道路的方向，明确了社会运行所需遵循的基本准则。对公民而言，正确理解社会主义核心价值观的内涵有助于明确思想道德修养的发展方向，践行社会主义核心价值观能够提升民众整体素质，进而有效解决人际交往中出现的问题，促进人与社会的和谐发展。因此，建构以社会主义核心价值观为重点的现代价值文化具有明显的优势。根据历史的发展可以判断，价值观与社会发展是互相促进的关系：价值观的发展变迁是社会发展阶段与生产实践方式不断演进的结果；同时，价值观也会对社会的变革起到一定的引领作用。社会发展的阶段和生产方式的变化是价值观变迁的基础。反过来，对于社会发展，价值观有引领作用。之所以要充分发挥价值文化体系的优势，根本原因在于社会主义核心价值观作为社会主义先进文化的精神内核，必须在文化博弈中彰显价值优势才有可能发出中国声音，即充分表达中国价值文化的话语权，这是文化博弈的逻辑起点。同时，随着综合国力的不断提升，中国价值文化也不断在国际社会得到彰显，"人类命运共同体""一带一路"倡议等面向世界、面向全人类的价值倡导在世界舞台备受关注。但只有这些还远远不够，形成价值文化体系优势不是某一项倡议或某一个价值观念在国际社会被认可，而是要将中国价值文化进行系统性整合并予以充分表达。其中，社会主义核心价值观是核心与关键。当然，社会主义核心价值观所彰显的价值文化体系优势并不是要争夺西方国家的文化话语权，而是以博弈的方式代表先进文化的发展方向进而引领潮流。社会主义核心价值观能够反映出制度的先进性，符合人类文明发展的内在规律，其蕴含的理念与人类社会发展进步的方向高度契合，发挥价值文化体系优势是社会主义核心价值观文化博弈的必然结果，只有坚持不懈地对外宣传我们的价值理念，才能使国际社会更加深入地理解和认识社会主义核心价值观的深刻内涵，才能获得更多人的认同，为价值优势的确立奠定基础。

历史上大国崛起的背后都有一套价值逻辑，具有进步意义的价值观念在当时能够促进社会变革，进而影响国际社会经济体系和国际秩序的新旧更替。先进的价值观念以其超越性在一定范围内形成价值文化，一旦能够整合为价值文化体系，则会超越其他价值观念表现出较强的感召性，从而在国内外得到更多的认同，在文化博弈中形成独特的优势。"一个国家达到其在世界政治中所期望的结果，可能因为其他国家希望追随它，羡慕其价值观，以其为榜样，渴望达到其繁荣和开放的水平等。"[1] 因此，大国崛起的背后是价值文化的不断超越，尽管难以分辨究竟是国家崛起带来新

---

① 〔美〕约瑟夫·奈：《硬权力与软权力》，门洪华译，北京大学出版社，2005，第 15 页。

的价值文化优势还是价值文化优势促进了国家崛起，但无论如何都不难得出：任何国家都需要一套与其国际地位相匹配的价值文化体系，以形成必要的价值感召力，体现出价值优越性，这就是社会主义核心价值观形成价值文化体系优势的本质所在。根据这一普遍的历史规律不难得出，随着硬实力的不断提升和国际影响力的逐渐增强，中国应适时调整在当前世界格局中的定位，调整文化博弈场中的势位。顺应现有的国际秩序，还是在此基础上构建更适应国际社会发展需要的运行体系，是摆在世界各国面前的共同问题。价值观念转化为价值文化体系并形成价值优势，需要在时间维度和空间维度达成一定的价值共识，这是文化博弈的基础性条件。从时间维度来看，价值观具有一定的阶段性，其传统与现代、当下与未来，都有着密切的关联，如何统筹不同阶段的价值观，在文化博弈中尊重历史差异性、突出时代引领性，在一定历史条件下达成价值共识是需要解决的重要问题。从空间维度来讲，价值观念的形成和发展受地域环境的影响，不同国家的价值观念具有多元化特征，文化的交流交融为价值观的互鉴创造了条件，但是对达成价值共识而言却是一把"双刃剑"。空间上的价值共识是在人们的交往实践日趋频繁的前提下，以共同体的形成为基础进而体现人们共同的价值追求，这是价值共识的一种普遍形态。历史发展到今天，文化的繁荣发展路径和模式不是单一的，文化博弈也并非只能优胜劣汰，形成价值文化体系优势也不是为了掌控国际秩序，而是在共同体的基础上，达成具有引领作用的价值共识。社会主义核心价值观在文化博弈中所要形成的价值文化体系在时间维度和空间维度都具有一定的价值优势，深受传统文化滋养的中国价值观念在新时代将充分散发价值魅力，在全球价值链中呈现社会主义先进文化的本质特点。"自由""平等""民主"等从字面上看和资本主义社会相同的价值观念，也在文化博弈中不断体现其价值本质，通过社会主义核心价值观的表达展现全人类共同追求的价值属性。

中国既具有丰富的价值文化资源，也具有巨大的价值文化发展潜力。"核心价值观同时也是中国特色社会主义事业最根本的价值支撑，强力支撑着中国的道路自信、理论自信、制度自信与文化自信，是提高综合国力的精神动力之源。"① 如何将这些资源和潜力转化为现实影响力，是社会主义核心价值观文化博弈的关键。建构影响世界的中国价值文化，在战略上充分重视全球视野下的价值共识，形成价值文化体系优势，使其与中国的治理理念以及国际社会的现实需求结合起来。这是社会主义核心价值观文化博弈甚至是全球软实力战场中的关键之"术"。一个国家如果在制度、政策和文化方面最终表现出优于其他国家的公平、正义，就会具有天然的价值文化感召力。形成世界范围内的价值文化感召力，占据世界价值文化体系的有利位置，需要在对内对外两个方面共同发力。对内在制度、政策、文化等方面形成相互协同的价值文化合力，立足人民群众的精神文化现实需求，追求平等、自由、富裕，打造安定和谐的局面，展现大国公民的素养和形象。对外与其他民族友好相处，兼顾其他国家福祉，维护世界和平稳定，促进共同繁荣。习近平总书记指出："和平、发展、公平、正义、民主、自由，是全人类的共同价值……我们要继承和弘扬联合国宪章的宗旨和原则，构建以合作共赢为核心的新型国际关系，打造人类命运共同体。"② 近年来中国政府所倡导的"人类命运共同体"等价值理念，不仅是站在全人类价值共识的制高点所提出的人类共同价值，而且是站在全球和平与发展的角度提出的具有鲜明中国特色及道德性的现代价值文化建设方案。这些价值理念的根本特点在于，追求本国发展的同时，对其他国家面临的现实问题进行合理的观照，在解决本国问题的基础上促进世界各国的共同发展。因此，社会主义核心价值观的文化博弈是一种超越性的价值博弈，超越的是冷战思维、零和博弈、歧视偏见等价值立场，同时以一种和平共处、有序发展、竞合共赢的态度建构国际关系，进而攻克人类共同面临的难题，这也是建构世界新型价值文化体系的根本诉求。

二 构建价值文化发展新模式

中国一直坚定不移地走和平发展道路，此前部分西方强国推行的价值

---

① 沈壮海等：《文化强国建设的中国逻辑》，人民出版社，2017，第192页。
② 《习近平谈治国理政》第2卷，外文出版社，2017，第522页。

文化模式，与中国的国情存在一定的不适应，也不符合世界文化发展的总体趋势。传统的国际关系对于当今世界而言亟须有新的转向，全球价值文化发展的模式随着中国的和平发展迎来新的机遇。摒弃以往价值文化发展的旧模式，以社会主义核心价值观为主要内容，建构新的国际价值文化发展模式，是中国需要承担的大国责任。在构建新型价值文化发展模式过程中，一方面要在国家治理格局的基础上以新型国家观为主导，通过社会主义核心价值观的文化博弈建构新的国际观、全球观，在外交策略上注重与世界各国在全球治理问题上的互动，形成"本土—全球"双向互动的价值文化发展模式；另一方面要在时代发展进程中把握好传统与现代的关系，既要发扬时代精神，也要从传统文化中汲取力量，形成"传统—现代"互构的价值文化发展模式。

目前，中国正处于"两个一百年"的历史交汇期，中国特色社会主义制度优势充分彰显，中国需要在文化博弈中建构起一套符合发展实际、时代特征与本国国情的价值文化模式。这也是在新的时代背景下，既符合本土文化发展规律又满足全球文化发展需求的新模式，可称之为全新的"本土—全球"双向互动模式。综观世界各国价值文化发展策略不难发现，本土与全球互动的质量直接决定了价值文化发展的方向。"本土—全球"的双向互动模式旨在处理好对内与对外的关系，任何价值文化的本土建构都对其对外传播发挥基础性作用，同时对外传播的价值立场只有与本土建构保持一致才能更好地促进文化的交流与发展，"本土—全球"的双向互动是价值文化发展的最优解。社会主义核心价值观的价值逻辑定位取决于中国的国家发展方位和国际关系定位，建构"本土—全球"双向互动模式就是以同一个价值标准来协调价值文化对内与对外的关系，这是"本土—全球"双向互动模式所具备的新的理念特征。在理论上，"本土"是指本土的建构，"全球"是指全球性跨文化传播。也就是说，我们在文化博弈中要将社会主义核心价值观作为本土培育和全球传播的核心内容，以打造新的发展模式。社会主义核心价值观的本土建构和全球传播是双向互动的过程。本土建构属于内生性建设，是国际传播的前提，同时也逐步明确、形成、修正了一套根植于本国的价值文化体系。也就是说，本土建构为全球传播提供了价值根源。在本土建构过程中，社会主义核心价值观吸取了中华优秀传统文化和革命文化中的有益成分，在社会主义现代文化的培育下发挥出独特的价值优越性，为全球传播提供了价值根基。同时，全球传播为本土建构拓宽了发展空间。社会主义核心价值观并非立足于单向的建构路径和片面的建构场域，而是置身于本土和全球的多层次架构之中。开辟全球传播的建构路径是进一步增强社会主义核心价值观国际影响力的现实需要，同时也为社会主义核心价值观的本土培育拓宽了发展空间。全球传播巩固本土建构的逆向思维指导社会主义核心价值观的合理性构建与合规律性传播，充分体现了社会主义核心价值观的交流互鉴及自我更新功能，为增强其吸引力、渗透力、先行力注入了更多价值意蕴。"本土—全球"双向互动模式遵循一定的理论逻辑与实践逻辑。一方面，双向互动模式的建构首先应满足理论与实践的统一。社会主义核心价值观全球性传播的重要前提之一就是打造具有国际影响力的中国理论体系和学术流派，在理论上为价值文化发展提供确证与依据。另一方面，要坚持对内与对外的标准统一，让中国文化与世界文化平等互敬、求同存异。正确对待不同国家和民族的文明，将平等相待的态度、海纳百川的胸怀、开放包容的气度、自信自谦的心态，作为中国价值文化全球传播的前提，使社会主义核心价值观在与世界文化的交流互鉴中增强吸引力，以共创共享求合作共赢，形成"本土—全球"良性互动的价值文化发展模式。

社会主义核心价值观的本土建构与对外传播，是基于社会主义先进文化所肩负的时代使命进行的，同时也不离开传统文化的土壤。实现价值文化的"传统—现代"互构，需要立足时代背景对传统的价值观念进行必要的创造性转化与创新性发展，夯实并增强当代价值文化的理论基础与逻辑力量，使其在文化博弈中更具吸引力和主导力。一方面，要将传统文化的精华融入核心价值观之中，找准传统文化对现代价值文化起"根""魂"作用的核心内容，在本土建构中发挥传统文化的价值功能；另一方面，要以传统文化的势能扩大社会主义核心价值观的国际影响力，通过文化博弈实现传统文化的现代转化，确保社会主义核心价值观与世界文明的有效对接，全面彰显人类共同价值观念的发展前景和生命力。构建"传统—现代"互构的新模式，要正确处理好二者之间的关系，"坚持古为今用、以古鉴今，坚持有鉴别的对待、有扬弃的继承，而不能搞厚古薄今、以古非今，努力实现传统文化的创造性转化、创新性发展，使之与现实文化相融相通"[①]。因此，社会主义核心价值观走向国际舞台的博弈场，需要通过"传统—现代"互构的价值文化发展模式充分彰显文化自信，明确中国的价值优势及价值观念同世界文化的关联，提升融入世界文明、引领世界的能力。

---

① 《习近平谈治国理政》第 2 卷，外文出版社，2017，第 313 页。

第五章　社会主义核心价值观的跨文化传播

跨文化传播作为传播学的一个分支，有 20 世纪 50 年代的美国兴起。"跨文化传播"是美国文化人类学者爱德华·霍尔（Edward Hall）在 1959 年出版的《无声的语言》中首次提出的概念。他认为，其他国家的很多人对美国外交官持敌对态度，主要是因为外交官们未能把握好外国人的期许，总以一种我行我素的方式待人。针对这样的现实问题，霍尔提出了跨文化传播。当时的跨文化传播尚属于文化人类学范畴，直到 20 世纪 70 年代，才逐步成为传播学研究领域一个不可或缺的部分，重点研究文化差异背景下，语言、非语言等要素如何发挥影响作用，尤其是在人与人的社会交往中如何实现跨文化传播，以及跨文化传播的有效性提升等实际问题。拉里·A. 萨默瓦（Larry A. Samovar）作为美国跨文化传播研究领域的权威学者，将跨文化传播定义为："包括那些来自文化概念和符号系统完全不同的人们之间的互动，这种不同足以导致整个沟通活动发生改变。"[①]其著作《跨文化传播》的内容涵盖了跨文化传播研究的关键领域：文化身份、国际文化、共文化、文化情境、跨文化伦理道德等。在此后一段时期，跨文化传播作为一门学科进入了快速发展的科学化阶段，无论是理论上的学术探究还是实践中的应用价值都普遍得到重视与认可。从 20 世纪末直到今天，全球化的不断推进促进了各民族文化之间的交流交融，紧随其后的是文化间的冲突，不同层次的摩擦、矛盾和冲突成为常态，跨文化

[①]　〔美〕拉里·A. 萨默瓦等：《跨文化传播》，闵惠泉等译，中国人民大学出版社，2013，第 6～7 页。

传播在研究视域与研究思路上逐渐成为社会科学研究新的增长点。与此同时，跨文化传播学的研究课题日益丰富多元，全球化背景下文化的本土发展与外来文化的矛盾问题、文化霸权与文化多元的冲突等成为这一阶段研究的热点。作为前沿性问题，文化认同的危机、跨文化传播的现代性反思等被学界广为关注。我国学者于20世纪80年代开始关注这一领域，先后进行了有重大价值的实践探索和学科建设，国外相关理论译作也陆续引入国内。其中，外语教学与文化的关系是跨文化传播早期的研究重点，后来逐步发展为传播学的一个重要分支，具体包括跨文化新闻传播、跨文化影视传播、跨文化网络传播、跨文化广告传播、跨文化传播与提升国家软实力等议题。

社会主义核心价值观的跨文化传播是全球化进程中，不同国家和民族的文化在全球范围内相互作用、相互影响的必然结果。与传统意义上文化人类学和传播学所研究的跨文化传播不同，本书研究的社会主义核心价值观跨文化传播，是指在文化交流中的价值文化表达，既代表中国文化在国际社会的价值立场，又是价值文化发展的一种必然走向。从理论背景来看，社会主义核心价值观跨文化传播是在本土培育与建构的基础上所形成的一种系统性文化交流与发展的形态。

第一节　社会主义核心价值观跨文化传播的时代定位

党的十九大报告提出："要尊重世界文明多样性，以文明交流超越文明隔阂、文明互鉴超越文明冲突、文明共存超越文明优越。"[①] 这一论断集中体现了人类命运共同体和相互尊重、平等相待、合作共赢、共同发展等外交理念，为社会主义核心价值观的跨文化传播提供了基本遵循，为世界各国的合作与发展注入了中国智慧，同时促进了国与国之间的相互了

---

① 习近平：《决胜全面建成小康社会 夺取新时代中国特色社会主义伟大胜利——在中国共产党第十九次全国代表大会上的报告》，人民出版社，2017，第59页。

解和认同，提升了中国文化的国际影响力。社会主义核心价值观反映了现阶段中国人民价值认同的"最大公约数"。它基于中国优秀传统文化，凝练概括了国家的价值目标、社会的价值取向和公民的价值准则，是体现当代中国社会发展的精神产品。随着国家综合实力的不断增强，我国在国际舞台上的话语权、议题设计主动权、议程设置功能都需要进一步增强，作为中华民族文化的内核所在，社会主义核心价值观在跨文化传播过程中必须坚定价值立场，展示中国形象，传播中国声音。

一　社会主义核心价值观跨文化传播的本质分析

从本质上看，社会主义核心价值观跨文化传播是一个综合性、系统性的过程，不是由 A 至 B 的简单过程，而是一种具有意识形态属性的价值观念在与不同文化的交流碰撞中不断被排斥、消解、接受的过程。在理论属性上，这不仅是传播学意义上的跨文化传播，而且不同于文艺传播，和社会心理学视角下的大众传播也存在一定差异，具有自身独特的规律。本节通过分析社会主义核心价值观跨文化传播与新闻传播、文艺传播、大众传播的异同来阐明其本质。

新闻传播是传播学的重要分支，具有时效性、真实性、客观性的鲜明特征。在内容上，新闻传播以新鲜及时的信息咨询为主；在时限上，具有传播迅速的特点；在载体上，既有传统的报纸、电台，又有当前的电视、移动互联网平台。随着时代的发展，新闻传播也发生了巨大的变革，尤其是移动互联网平台的兴起，使得新闻传播的双向性和交互性增强，传播受众亦可成为新闻的发起者与传播者，且单纯的文字、图片传播形式已经受到限制，融媒体平台的综合传播方式开始影响人们接受新闻的方式。在不同历史阶段，新闻传播形成了一定的传播规律与特征，既有其历史发展的规律性，也有着鲜明的时代性，并在实践的基础上形成了较为成熟的理论体系。当然，社会主义核心价值观跨文化传播与新闻传播具有显著差异，这种根本的区分在于价值观念传播与新闻事实传播在内容上不同，进而造成了传播方式的差异。价值观念的传播并非片面地追求事实的传播，而是需要深度挖掘事实背后的价值观念特性；也不同于新闻传播的及时性，它需要充分考虑时机，因时制宜进行价值观念的传播；在传播内容的主客观条件上，与新闻传播的客观性也有所不同，价值观念传播的客观并不仅仅是传播者的客观，更要关注传播受众能否认识客观规律，因此是双向的客观。尽管与新闻传播有着较大差异，社会主义核心价值观的跨文化传播仍需依托新闻传播的经验与平台，既要在内容中加入价值观念因素，也要在平台载体上畅通价值观念传播渠道。因此，新闻传播是社会主义核心价值观跨文化传播的一种重要形式。

文艺传播是指"借助于一定的物质媒介和传播手段，将文艺信息、文艺思想或文艺作品传递给接受者的过程。简而言之，它是文艺家、传播者和接受者之间的文艺信息的传播"①。随着互联网技术的发展与信息化时代的到来，文艺传播对于人们的社会生产生活而言发挥了愈发重要的作用，古代的戏曲、如今的歌舞和影视作品等都是文艺传播的重要形式。在内容上，文艺传播的信息主要是形象、情感等非功能性信息，这是文艺传播与新闻传播信息性文本（图片、视频）的最本质区别。在传播过程中，文艺传播充分体现着传播者与受众的情感互动，极大地激发受众审美情趣、引发情感共鸣。这就需要文艺创作者运用多种表现手段增强作品的艺术性和美学张力，进而传递价值内涵。可见，文艺传播和新闻传播的区别在于后者尊重传播内容的真实性与客观性，而前者具有一定的主观性与虚构性。社会主义核心价值观的跨文化传播与文艺传播在本质上也有所不同，文艺传播的"母题"本身就是或者具备价值观念元素，但社会主义核心价值观作为意识形态的时代表达，在文艺性转化过程中会受到一定限制，将其融入文艺作品的难度与传统上文艺作品创作的难度相比大大增加，加之跨文化传播需要充分考虑第三方文化的背景，"讲什么样的故事"以及"如何讲好故事"是社会主义核心价值观借助文艺形式进行跨文化传播的核心问题。当然，文艺传播是社会主义核心价值观跨文化传播的一种重要形式，但不是唯一形式，要注重内容的转化整合，充分解读社会主义核心价值观的价值主张并用艺术化手段进行表达，同时结合受众的文化背

① 曾耀农：《文艺传播学》，清华大学出版社，2011，第1页。

景进行必要的转译，并结合其他传播形式共同发力。

大众传播是一种信息传播方式，作为一个较为广义的概念，一般指特定的组织机构运用报纸、杂志、广播、电视等大众媒介向社会成员传送消息、知识的过程。一般来说，大众传播具有开放性特征，面向社会大众进行普遍性传播；同时具有单向性特征，是传播者向社会传递信息的单向过程；此外还具有分散性的特点，甚至部分大众传播没有固定的目标群体，比如广告投放、宣传专栏、电视节目等都属于大众传播的范畴。大众传播在社会上起到一定的中介作用，对于社会事件或者人物形象具有宣传塑造功能，具有一定的社会导向作用。与新闻传播和文艺传播不同，大众传播在传播内容上具有较强的目的性，属于有意识的组织性传播行为，在传播受众上有着广谱性，主要面向社会大众进行广泛传播。社会主义核心价值观跨文化传播与大众传播最大的区别在于，大众传播一般指在本国社会中所进行的有组织、有目的的传播活动，而跨文化传播面向的是国际社会公众，尽管二者在目的性和组织性上具有高度相似性，但在国际社会中跨文化传播的目的性和组织性是他国防范的重点。因此，社会主义核心价值观跨文化传播不是单纯的大众传播，而是面向国际社会、充分体现国家行为正当性与感召力的传播行为。具体来说，要充分考虑大众传播的一般规律和特征，同时要结合社会主义核心价值观的基本特性，通过理论解读、文化推介等多种方式为跨文化传播夯实基础。

总之，社会主义核心价值观跨文化传播与新闻传播、文艺传播、大众传播有着本质的区分，但同时也有紧密关联。价值观念跨文化传播在本质上是一种综合性的隐性传播，要充分融入新闻传播的真实性内容，促进国际社会对社会主义核心价值观的客观性认识，发挥文艺传播的美学功能，引起国际社会的情感共鸣，运用大众传播的导向作用，打造社会主义核心价值观跨文化传播的格局。在文化全球化的时代背景下，社会主义核心价值观在国际社会与世界各国价值文化交流交融的过程中，代表着国家意志的正当性，充分体现了社会主义先进文化的感召力，在传播方式上表现出价值观念传播的潜隐性特征，是国家价值理念向国际社会进行综合性、系统化传播的过程。

二　社会主义核心价值观跨文化传播的基础条件

社会主义核心价值观跨文化传播提上议程，是面对国际国内各方面形势所做出的必然选择。无论是目前文化全球化发展的态势，还是国内政治经济的发展以及社会主义核心价值观在本土的建构情况，跨文化传播都已经成为一种必然现象。尤其是随着现代媒介技术的迅猛发展，各类传播载体也为社会主义核心价值观跨文化传播提供了良好平台。因此，无论从社会主义核心价值观的自身发展还是外部环境来看，跨文化传播都已经具备充分且必要的基础性条件。

随着全球化的迅猛发展，国与国之间的联系愈发紧密，不同文化之间的交流更加频繁，文化全球化作为一种新的形态在国际社会出现，这是社会主义核心价值观跨文化传播的现实背景。文化全球化是指文化产品生产、传播、交流等随着技术的发展不断跨越国家边界与民族文化界限而发生发展的形态。这种形态下的文化交流具有即时性、普遍性和弥散性，现代媒介技术的发展使文化在产生的瞬间即有充分的传播条件，且有可能传递给各个国家的普通民众，人们也在无形中接收着来自各个国家的文化信息。"要积极适应世界文化交流、交融和交锋更加频繁的新趋势，着眼于中华文化的长远发展，以更加自信的心态、更加开阔的视野，吸纳百家优长、兼集八方精义，使中华文化不仅根植于民族优秀传统文化的沃土，而且符合世界发展进步的潮流。"[①] 文化传播的中介在全球化的推进中不断变革，逐步形成了全球文化市场，各个国家和民族的文化在全球文化市场中充分彰显自身价值，以跨时空的方式不断进行文化交流。人们的全球化生产实践伴随着文化交往具备了更为丰厚的价值意蕴，尤其是不同文化在交流过程中存在一定的价值观冲突，经过一系列整合之后又建构起新的文化交流模式。价值性越强的文化，其形态具有更高的价值势位，对于其他文化具有一定的引领作用，这是文化全球化必然遵循的规律，也是社会主义核心价值观跨文化传播面临的现实境遇。社会主义核心价值观的跨文化

---

① 　段联合等：《当代中国马克思主义文化观》，中国社会科学出版社，2011，第95页。

传播是以文化全球化为基本前提和依据的，全球化发展越迅猛，社会主义核心价值观所面临的文化交流机遇就越多，同时与多方文化交流碰撞的挑战也越大。但面对文化全球化的"双刃剑"，我们需要在增强社会主义核心价值观的文化势位上下功夫，创造更为有利的内部条件以应对外部的种种挑战。

近年来，中国的政治经济基础条件不断成熟。改革开放以来，中国用40多年的飞速发展向世界证明了中国特色社会主义事业的伟大飞跃。从实行家庭联产承包责任制到当前打赢脱贫攻坚战、实施乡村振兴战略，从兴办深圳等经济特区到共建"一带一路"，从搞好国有大中小企业、发展个体私营经济到以公有制为主体、多种所有制经济共同发展，从以经济体制改革为主到全面深化改革，相比40多年前中国在经济、政治等方面已经发生了翻天覆地的变化，尤其是党的十八大以来的十年，"国内生产总值从五十四万亿元增长到一百一十四万亿元，我国经济总量占世界经济的比重达百分之十八点五，提高七点二个百分点，稳居世界第二位；人均国内生产总值从三万九千八百元增加到八万一千元。谷物总产量稳居世界首位，十四亿多人的粮食安全、能源安全得到有效保障。城镇化率提高十一点六个百分点，达到百分之六十四点七。制造业规模、外汇储备稳居世界第一。建成世界最大的高速铁路网、高速公路网，机场港口、水利、能源、信息等基础设施建设取得重大成就。我们加快推进科技自立自强，全社会研发经费支出从一万亿元增加到二万八千亿元，居世界第二位，研发人员总量居世界首位。基础研究和原始创新不断加强，一些关键核心技术实现突破，战略性新兴产业发展壮大，载人航天、探月探火、深海深地探测、超级计算机、卫星导航、量子信息、核电技术、新能源技术、大飞机制造、生物医药等取得重大成果，进入创新型国家行列。"① 经济基础决定上层建筑，社会主义核心价值观是在中国飞速发展的大背景下从国家战略层面提出的，尽管是因凝聚社会共识而提出的彰显中国特色的价值理

---

① 习近平：《高举中国特色社会主义伟大旗帜 为全面建设社会主义现代化国家而团结奋斗——在中国共产党第二十次全国代表大会上的报告》，人民出版社，2022，第8页。

念，但作为社会主义先进文化的代表，其跨文化传播亦是社会主义先进文化国际认同的必经之路。尤其是近年来，"一带一路"倡议、"人类命运共同体"理念逐渐在国际社会得到认同，均为社会主义核心价值观的跨文化传播打下了坚实的基础。

社会主义核心价值观的本土建构与跨文化传播是紧密关联的共同体，本土建构为跨文化传播奠定了基础。自 2013 年底社会主义核心价值观提出以来，各地方、各系统结合实际，扎实推进，把培育和践行社会主义核心价值观作为一项重要任务，全社会培育和践行社会主义核心价值观的浓厚氛围和良好格局已基本形成。比如在教育系统，提出将社会主义核心价值观融入国民教育全过程，通过发挥理论研究的导向作用、课堂教学的主渠道作用、社会实践的养成作用、校园文化的熏陶作用、先进典型的引领作用、网络新媒体的传播作用，将社会主义核心价值观落细落小落实。同时，在理论建构中，获得了一系列成果，针对社会主义核心价值观的理论逻辑、实践模式、系统构建等开展了深入系统的研究，提出了社会主义核心价值观日常化、具体化、形象化、生活化等具有可操作性的实践建议。各行各业结合现实特点，提出了具有职业特性的价值观念准则，国家通过选树各类群体的先进典型大力弘扬社会主义核心价值观。在本土建构过程中，社会主义核心价值观从被倡导到理论开掘再到全面弘扬，并在此基础上不断积累经验、完善举措，已形成了较为成熟的培育和践行体系，为社会主义核心价值观"走出去"奠定了基础。也就是说，本土建构的成熟助推了社会主义核心价值观的跨文化传播和条件保障体系的形成，确保了跨文化传播的内容既能得到理论的充分证实，也能经过实践的多重检验，为在跨文化传播过程中实现国内国外双向互动提供了保障。

三　社会主义核心价值观跨文化传播的时代价值

2014 年 2 月 17 日，在省部级主要领导干部学习贯彻十八届三中全会精神全面深化改革专题研讨班上，习近平总书记特别强调："我们要大力培育和弘扬社会主义核心价值体系和核心价值观，加快构建充分反映中国特色、民族特性、时代特征的价值体系，努力抢占价值体系的制高点。而在核心价值体系和核心价值观中，道德价值具有十分重要的作用。国无德不兴，人无德不立。一个民族、一个人能不能把握自己，很大程度上取决于道德价值。如果我们的人民不能坚持在我国大地上形成和发展起来的道德价值，而不加区分、盲目地成为西方道德价值的应声虫，那就真正要提出我们的国家和民族会不会失去自己的精神独立性的问题了。如果没有自己的精神独立性，那政治、思想、文化、制度等方面的独立性就会被釜底抽薪。"① 社会主义核心价值观是我国的重要标识，是指引当代中国文化发展方向的决定性因素，是支撑起国家软实力的"千斤顶"。社会主义核心价值观跨文化传播具有深远的时代意义。

社会主义核心价值观跨文化传播有助于形成价值体系优势。社会主义核心价值观是文化的灵魂，着眼于人类历史发展的前进方向，具有天然的价值优势。从内容层面来看，核心价值观既涵盖国家和社会层面的内容，又包括公民道德层面的规范。对国家和社会而言，社会主义核心价值观体现着国家制度的先进性，指明了国家发展道路的方向，明确了社会运行所要遵循的基本准则。对公民而言，正确理解社会主义核心价值观的内涵有助于明确思想道德修养的发展方向，践行社会主义核心价值观能够提升民众整体素质，进而有效解决人际交往中出现的问题，促进人与社会和谐发展。因此，建构以核心价值观为灵魂的价值文化体系具备形成价值优势的基础。从历史发展维度来看，社会存在决定社会意识，价值观念的发展变迁与社会发展的阶段和生产方式的变化直接相关。反过来，社会意识对社会存在具有反作用，因此，价值观念对社会发展具有重要的引领作用。社会主义核心价值观不仅能够反映社会主义制度的先进性，而且符合人类文明发展的内在规律，其中蕴含的宝贵理念与人类社会发展进步的方向高度契合。一方面，社会主义核心价值观具有形成价值文化体系的凝聚力，作为社会主义先进文化的精神内核，其代表普遍意义上的中国主张与中国方案的价值立场，与"人类命运共同体"的倡议在价值层面具有高度一致

---

① 《习近平关于全面深化改革论述摘编》，中央文献出版社，2014，第88页。

性,社会主义核心价值观的跨文化传播与"人类命运共同体"的建构相辅相成,共同形成了代表中国的价值体系优势。另一方面,社会主义核心价值观跨文化传播能够进一步提升中国价值文化的辐射力,"文化辐射力有历史元素的延续效应,是深远而持续和不断丰富着的文化实力的表现,也反映着当代人民的劳动创造成就,它向世界展示了一个国家的整体形象,不断地向世界宣示着自身的文化价值理念,并以文化成果的形式传达其文化理念"[①]。价值文化所产生的辐射效应进一步扩大了中国价值立场的影响范围,为促进国际社会的价值认同提供了先决条件,是价值优势确立并稳固的首要因素。总之,只有坚持不懈对外宣传我们的价值理念,才能使国际社会正确地、更加深入地理解社会主义核心价值观的内涵,才能获得越来越多人的认同,进而为形成价值体系优势奠定基础。

社会主义核心价值观的跨文化传播有利于增强民族精神独立性。"政治是骨骼,经济是血肉,文化是灵魂"[②],"文化是民族的血脉,是人民的精神家园。没有文化的积极引领,一个国家、一个民族不可能屹立于世界民族之林"[③]。社会主义核心价值观是民族精神独立性的重要体现,其从铸魂、固本、定力三个向度为民族精神的独立提供内生动力。社会主义核心价值观为民族精神"铸魂"。培育和践行社会主义核心价值观是国家核心价值体系的重要内容,为民族精神的独立提供了价值导向,决定了国家文化的性质和方向,只有推动中国价值观念"走出去",才能更好地培育民族精神的独立性。社会主义核心价值观以优秀传统文化为民族精神"固本"。社会主义核心价值观是优秀传统文化本源性价值的转化创新,而优秀传统文化的核心元素与民族精神具有逻辑上的共性,即优秀传统文化是社会主义核心价值观跨文化传播彰显民族特性的根源,也是民族精神的根基。社会主义核心价值观跨文化传播以文化自信为民

---

① 洪晓楠:《提高国家文化软实力的哲学研究》,人民出版社,2013,第114页。
② 习近平:《之江新语》,浙江人民出版社,2007,第149页。
③ 《〈中共中央关于全面深化改革若干重大问题的决定〉辅导读本》,人民出版社,2011,第76页。

族精神"定力"。文化自信展示了一个文明的底蕴和生命力，展示了一个民族的尊严和信念，展示了一个国家积极发展的坚定态度，更展示了一个政党肩负历史使命的伟大决心。社会主义核心价值观跨文化传播对道路自信、理论自信和制度自信具有升华作用，有利于坚定中国立场，对彻底消除中国长期落后于西方而产生的民族自卑和文化自卑心理具有积极作用。社会主义核心价值观拥有强大的价值导向力与精神驱动力，只有积极地进行跨文化传播，才能在世界文化潮流中彰显民族精神独立性。

社会主义核心价值观跨文化传播能够引领并整合价值共识。社会主义核心价值观是整体社会发展和个人价值体现的精神支柱与文化保证，体现为国家、民族和社会共同的理想信念。从国家层面看，社会主义核心价值观能够促进马克思主义指导思想、民族文化在现代化建设中的融合，有利于打下牢固的现代民族文化根基，进而夯实精神文明建设的基础，有助于中华文明在全球化进程中应对外来文化的强力冲击，在跨文化传播中以强大的文化自信为基础汲取其他文化的精华。2017 年 1 月，习近平在联合国日内瓦总部出席"共商共筑人类命运共同体"高级别会议时发表了题为《共同构建人类命运共同体》① 的演讲，提出"构建人类命运共同体，实现共赢共享"的中国方案，全面阐述了人类命运共同体理念，指出了构建人类命运共同体的基本遵循和努力方向，主张建设一个持久和平、普遍安全、共同繁荣、开放包容、清洁美丽的世界。人类命运共同体就是把人类文明视为一个有机整体，世界各国对于文化之间的关系只有秉持交流互鉴的态度，才有可能促进社会的发展与人类的进步。社会主义核心价值观具有在一元与多元之间寻求平衡和张力的本质特性，这种尊重多样性、异质性的价值文化体系是人类命运共同体的价值基础。构建人类命运共同体，就是要明确人类只有合作才能共赢，任何冷战思维、零和博弈和偏见都不利于人类文明的发展与进步，任何国家、种族和文化之间的意识形态界限都可以也应该被打破，最终形成和而不同、和平共处、有序发展的局面，

---

① 习近平：《共同构建人类命运共同体》，《人民日报》2017 年 1 月 20 日。

进而攻克人类共同面临的难题。这也是社会主义核心价值观跨文化传播的价值诉求。

第二节　价值流变：社会主义核心价值观跨文化传播的现实审视

文化在传播尤其是跨文化传播中，由于受外界条件的限制而出现了传播效果与预期有所偏差的情况，导致文化的内在价值出现"折扣"或"增值"，这种现象被称为价值流变。价值是文化的核心，在文化发展与交流过程中产生价值流变是不可避免的。一般而言，价值流变发生于时间和空间的流转过程中：在时间维度，文化的发展或进一步凸显其价值优势，或蕴含的价值逐渐被其他文化所消解；在空间维度，文化交流因社会环境的变化而具有不稳定性，以致出现文化价值折损或增值的现象。跨文化传播属于空间维度的价值流变，且社会主义核心价值观的意识形态性决定了跨文化传播过程中价值折扣往往大于价值增值。

一　社会主义核心价值观跨文化传播的现实困境

社会主义核心价值观跨文化传播困难重重，并非一蹴而就，而之所以面临困境既有客观因素也有主观因素，既有环境因素也有价值因素，种种现实困境为跨文化传播增加了障碍，但也并非不可克服。社会主义核心价值观的跨文化传播需要冲破层层阻碍，实现文化的交流融合。具体来说，需要着力解决以下四个方面存在的问题。

一是话语体系的困境。社会主义核心价值观跨文化传播首先面临的就是文本转译的问题。根植于中国文化的社会主义核心价值观是最为凝练的表达，有着深厚的文化底蕴与完整的理论逻辑，且内容之间具有密切的逻辑关联性。这种价值观念的理论性、整体性、系统性决定了跨文化传播中的文本转译需要进行充分的解读。社会主义核心价值观作为中国价值文化的精炼表达，在每个层面都具有深刻的内涵，同时作为跨文化传播的内容，其具有符号化意味的呈现方式又决定了表达方式的趋同性与单调性。

此外，彰显国家价值文化的内容具有严肃性，必须进行专业的文本转译才能确保传播的完整性与精确度。跨文化传播的主体具有多元性和层次性，无论是中国政府、民间群体还是海外人员对社会主义核心价值观进行转译，都会因自身的立场定位、理论基础等直接影响话语转换的方式和内容。在跨文化传播中，人人都是传播者，但并非人人都是具有理论功底的翻译家，对某些内容可能会因理解不深、挖掘不够等导致文本转译"失真"甚至出现"误解"，从而影响跨文化传播的效果。跨越语言体系的障碍实现有意义的跨文化传播，需要多方共同发力，既要通过理论解读建构社会主义核心价值观跨文化传播的理论体系，又要通过文化载体搭建跨文化传播的各类平台，"要创新对外话语表达方式，研究国外不同受众的习惯和特点，采用融通中外的概念、范畴、表述，把我们想讲的和国外受众想听的结合起来，把'陈情'和'说理'结合起来，把'自己讲'和'别人讲'结合起来，使故事更多为国际社会和海外受众所认同"①。用社会主义核心价值观"讲好中国故事，传播好中国声音"，在多方的协调配合下消除语言体系的隔阂。

二是习俗文化的樊篱。习俗文化是国家和民族在长期的生活实践中形成、发展并传承下来的社会生活习惯与风俗文化。不同地区的习俗文化具有一定的差异，尤其在跨文化传播中不同国家的习俗文化差异更大，甚至会因习俗文化的不同造成价值观念的差异。这种价值观念差异使社会主义核心价值观的跨文化传播遇到了文化屏障，具有一定的阻碍作用。习俗文化具有的天然差异性，导致不同习俗文化背景下的人对同一行为具有不同的理解或者对同一价值表达产生不同的行为方式，甚至一些基本的行为准则也在概念理解上存在巨大差异。中西方习俗文化的差异如同一道需要跨越的天然屏障，是入乡随俗还是坚持自身的价值观念，是社会主义核心价值观跨文化传播必然面临的问题。要充分考虑文化差异带来的不适应性，找到应对"水土不服"的有效方法，进而改善跨文化传播的效果。从某种意义上来说，应找寻不同文化间的价值相通之处，在不损耗

---

① 《习近平关于社会主义文化建设论述摘编》，中央文献出版社，2017，第213页。

原有文化价值的前提下，进行有效的跨文化传播。因此，习俗文化的困境是表象的、容易被理解的，需要在跨文化传播的方法载体上下功夫，在转化创新上做文章，使社会主义核心价值观跨文化传播在新的习俗文化中落地生根。

三是国际舆论的消解。"国际话语权是国家文化软实力的重要组成部分。尽管我们在提高国际话语权方面取得了重要进展，但同西方国家相比，我们还有不小差距。"① 社会主义核心价值观是社会主义先进文化的代表，但其国际认同度与自身的先进性未必呈正相关，所具有的意识形态属性在跨文化传播中必然会面临一定阻碍。"从历史上看，对价值观念来说，先进的未必一开始就能占据主导地位，落后的也不会自动退出历史舞台。由于西方长期掌握着'文化霸权'、进行宣传鼓动，当代中国价值观念存在太多被扭曲的解释、被屏蔽的真相、被颠倒的事实。"② 突破这种困境并非无路可走，而需要对社会主义核心价值观的先天优势进行充分解读，借助国际社会的外交场所，旗帜鲜明地宣扬社会主义制度的优越性、价值文化的先进性与价值观念的吸引力，以坚定的文化自信为社会主义核心价值观的跨文化传播注入强大动力。社会主义核心价值观跨文化传播是在和而不同的价值理念指导下搭建文化交流的平台，进而树立新的国家形象。出发点是好的，但实现的过程是曲折的。"客观地讲，国际舆论格局依然是西强我弱，但这个格局不是不可改变、不可扭转的，关键看我们如何做工作。"③ 要不断提高阐释技巧、增大传播力度，提升社会主义核心价值观的知晓率和认同度，"动员各方面一起做思想舆论工作，加强统筹协调，整合各类资源，推动内宣外宣一体发展，奏响交响乐、大合唱，把中国故事讲得愈来愈精彩，让中国声音愈来愈洪亮"④。

四是文化心理的不适。社会主义核心价值观跨文化传播的目标对象为社会大众，他们的文化心理直接决定了跨文化传播的效果。在文化根源

---

① 《习近平关于社会主义文化建设论述摘编》，中央文献出版社，2017，第 203 页。
② 《习近平关于社会主义文化建设论述摘编》，中央文献出版社，2017，第 199 页。
③ 《习近平关于社会主义文化建设论述摘编》，中央文献出版社，2017，第 208 页。
④ 《习近平关于社会主义文化建设论述摘编》，中央文献出版社，2017，第 211 页。

上，中西方民众的文化心理具有明显差异，主要体现为集体观念与个体意识的不同、求同与求新的区别、长幼尊卑秩序原则与人人平等观念的差异等。这些不同的文化心理与人们的思维方式和行为习惯相互影响，形成了相对稳定的文化接受特征。对社会主义核心价值观跨文化传播而言，这种文化心理的差异性为接受和认同带来了一定的阻碍。社会主义核心价值观一旦通过不同形式进入国际社会，融入大众的认知世界，就会遵循"知、情、意、行"的认知发展规律，完成内化与外化的过程。价值观念进入人们的认知结构，必然是主体自身"新旧价值体系的碰撞和斗争，不断内化、融合新的价值观念，扬弃旧的价值观念，最终形成新的价值体系"[1]的过程，尤其是一种新的具有意识形态属性的价值观念，在新的文化背景下的接受认同，必然会因文化心理的排异性导致跨文化传播的失效。因此，需要重新理解和把握"知、情、意、行"的规律，价值观念的认同尤其是跨文化认同在不同阶段如何着力成为社会主义核心价值观跨文化传播的关键、如何结合国际社会的文化心理进行有效传播是需要重点破解的问题。

二　社会主义核心价值观跨文化传播的影响因素

社会主义核心价值观跨文化传播是传播主体与接受主体在传播环境的作用下对传播内容的转化，之所以面临诸多传播困境，是因为几类因素之间在传播过程中出现了一定的摩擦和矛盾，致使价值走向偏离、价值目标位移，具体体现在以下几个方面。

一是传播主体与接受主体的对接断层。社会主义核心价值观跨文化传播的主体是多元的，既有政府组织、企业单位，也包括专家学者、社会大众。接受主体是相对固定的目标群体，主要是国外的民众及具有一定影响力的权威人士，并通过他们扩大传播范围，在国际社会获得普遍认同。尽管部分群体的传播效果很难保证，但在目标设定上依然是重要群体。在传

---

① 刘永芳：《价值观形成与发展的条件、过程、规律初探》，《山东师范大学学报》（社会科学版）1998 年第 1 期。

播过程中不难发现，传播主体与接受主体会受到物理空间的阻隔，多数情况下难以进行面对面的交流对话，而跨越时空的传播方式难免会造成信息衰减，进而使跨文化传播的目的与效果不匹配；同时，受到文化边界的隔绝，传播主体的目标与接受主体的理解未能有效衔接，即使跨文化传播可以发生，也会不可避免地产生"文化折扣"现象。导致信息衰减与文化折扣的直接原因就是传播主体与接受主体间的对接断层，这对社会主义核心价值观跨文化传播的效度产生了一定的消极影响。同时，不同文化背景下社会大众的文化心理也具有差异性，从而给主体间的对接带来了消极影响。在解决方式上，物理空间与文化边界都是难以突破的，这就需要在跨文化传播的顶层设计上充分考虑这些不良因素，为传播主体与接受主体搭建广阔的交流平台，充分考虑接受主体的社会文化心理，建立起有效的跨文化传播的关系链条。

二是传播主体对传播内容的解读局限。社会主义核心价值观作为传播内容是明确的，但其理论性、系统性、文化性等特点需要传播主体进行有效的理解掌握才能使跨文化传播活动顺利进行。基于传播主体的多元化存在，当社会大众参与跨文化传播时，不能保证所有人都能对社会主义核心价值观进行精准的理解，这就从源头上造成了跨文化传播的内容偏差。一般而言，传播主体对传播内容的解读局限表现在以下几个方面：第一，不能很好地挖掘社会主义核心价值观的传统文化根源，对价值观解读的文化深度不够，造成跨文化传播浮于表面；第二，不能从根本上辨析社会主义核心价值观与西方价值观念的区别，对价值观解读的理论深度欠缺，造成跨文化传播链条黏性不足；第三，未能区别对待社会主义核心价值观的国内培育与跨文化传播，在方法、载体等基本要素的选择上经验不足，造成跨文化传播的程度不够；第四，不能完全把握社会主义核心价值观跨文化传播的民族性与世界性的关系，对内容进行有效转化的方法未能奏效，造成跨文化传播的效果不佳。究其根本，在于传播主体对社会主义核心价值观的内容解读不到位，这对传播主体的基本素质和水平提出了较高要求。

三是接受主体对传播内容的理解偏差。国际社会对社会主义核心价值观的认知程度是跨文化传播的首要目标导向，这也影响着跨文化传播的实际效果。一般而言，认知具有非稳定性，人们可能随时被新的知识体系和观念所影响而学到"新知"，也可能因突发事件对已有的"知"产生怀疑而进入"盲区"。短期的"知"较容易被遗忘，需要及时跟进情感、态度以及行为才能使其真正融入自身的知识体系；而长时间积累的知识、形成的认知，也容易因新的观念及知识体系的冲击或突发事件的影响而发生改变。对国际社会而言，社会主义核心价值观是全新内容，从"不知"到"知"是一个渐进的过程，尤其是基于已有的价值观念或文化背景差异，会对新的价值观念产生一定的排异性。因此，无论社会主义核心价值观如何被传播主体进行转化，无论以何种形式进入国际社会，在价值内核不变的情况下，接受主体的心理机制都可能形成难以打破的认知边界。这种心理边界造成的影响就是接受主体对社会主义核心价值观的理解偏差。事实上，如果不能有效进入内化体系，即使国际社会对社会主义核心价值观具有较为客观的认识，认知认同行为也依然会受到外界影响而发生畸变。这对跨文化传播的内容转化与形式创新提出了更高的要求，如何在确保价值内核不变的情况下进行有效的跨文化传播是需要重点解决的难题。

四是传播环境与传播内容的文化冲突。社会主义核心价值观的跨文化传播环境主要指国际社会的宣传环境，既包括宣传媒体的平台建设及氛围营造情况，又包括社会环境尤其是意识形态环境的接纳程度。国际社会环境的形成有其自身的文化根源与意识形态属性，社会主义核心价值观一旦进入国际社会，就与其环境中的各种要素相互交织、相互影响。在国际社会的文化视角中，社会主义核心价值观作为一种"异文化"与其自身的"本文化"相比具有不对称性、不协调性，这是跨文化传播的必然特征。这种"他""我"之间的文化冲突对社会主义核心价值观的跨文化传播具有消极影响，如不进行妥善处理则会造成更深层次的隔阂。在本质上，这是文化异质性的必然结果，但并非唯一路径。跨文化解释学中的"重叠共识"则为不同文化的交流融合开辟了新的路径，即不同的文化可以通过"合作性自我解释"和"相互建构过程"在文化多样性的环境中达成必要的"重叠共识"。因此，社会主义核心价值观跨文化传播面对复杂的国际社会环境，需要充分考虑"他者"文化的特殊性，明确不同文化间冲突与融合并存，要做好充分的"自我解释"，追求和而不同的价值目标，以包容互补的跨文化传播态度促进社会主义核心价值观在国际社会的传播与接受。

三　社会主义核心价值观跨文化传播的原则立场

社会主义核心价值观跨文化传播充分体现了其意识形态本质，且具有独特的立场与定位。因此，要坚持辩证唯物主义的指导思想，把握价值观跨文化传播的普遍规律，在世界性、人类性和民族性、地域性的辩证统一中把握跨文化传播的特征。在分析现实问题和影响因素的基础上，社会主义核心价值观的跨文化传播还要处理好以下几对关系。

一是把握好价值观对内培育与对外传播的关系。对内即价值观在国内的培育建构，对外即价值观在世界范围内的跨文化传播。跨文化传播指向于外，立足于内，属于内外联动的文化交流实践。社会主义核心价值观跨文化传播同样如此，在坚定自我立场的前提下，必须把握好对内与对外的关系。首先，对外的跨文化传播是在对内的培育建构基础上进行的。代表国家、民族的核心价值观念，既是对这个国家和民族的精神品格与文化表征的历史传承，又是对当下国民精神诉求的时代表达。也就是说，社会主义核心价值观代表着中华民族的历史传统与时代品格，只有在国内进行广泛的培育与建构，才有可能受到国际社会的认同。其次，对外传播为价值观念在交流中发展搭建平台，并作用于对内培育，促进自身完善。社会主义核心价值观在跨文化传播过程中与不同的文化交流碰撞，在吸收外来的同时，只有于国内培育与建构的土壤中不忘本，才能更好地面向未来。最后，社会主义核心价值观的对外交流传播与对内培育建构要统一标准。这既是文化自信的表现，也是文化软实力的价值立场。在实践中，要把握对内与对外的关系，在政治、文化、外交等多个方面进行互动，以社会主义核心价值观引领价值文化的建构与传播。只有坚持内外标准统一的价值文化立场，社会主义核心价值观跨文化传播才能为国际社会所广泛认同。要从历史角度审视社会主义核心价值观的跨文化传播，明确其历史必然性。

对内不断提升社会主义核心价值观的吸引力和凝聚力，对外不断调整价值文化定位，通过目标调整与方法调试发挥社会主义核心价值观的价值优势，形成对内培育与对外传播的互动。

二是把握好价值观传播整体谋划与具体推进的关系。社会主义核心价值观跨文化传播需要系统谋划、整体推进。谋划是推进的前提，价值观念的跨文化传播，涉及意识形态、国际政治等多个领域，需要站在战略设计的高度通盘考虑，既要把握价值观念跨文化传播的领域、参与群体、预期目标，又要考虑到工作推进的时机、支撑体系等多方要素。首先，在战略设计中要有准确定位。社会主义核心价值观跨文化传播本质上是搭建交流平台、树立国家新形象、追求和而不同的价值理念，这从根本上为中国价值观念的跨文化传播锚定了立足点，也只有在此基础上才可能得到国际社会的认同。其次，在推进过程中要确保方式方法与目标规划不偏离。方式方法可以灵活多变、因势而动，但无论如何都需要围绕整体的战略谋划展开。"我们提出的'五位一体'总体布局、'四个全面'战略布局、五大发展理念、经济发展新常态，我们倡导的正确义利观、命运共同体、新型大国关系、共建'一带一路'等重大理念，就要加大传播力度，使其成为世界表达中国故事的源头、读懂中国的标识。"① 最后，要建立起谋划与推进的理论解释体系。理论可以为道德、价值观提供逻辑上的确证与合理性，为社会主义核心价值观的跨文化传播奠定基础。社会主义核心价值观的跨文化传播要不断探索理论前沿，形成学术争鸣，构建创造潮流、引领潮流的学术机制，指导改革实践，与实践形成良性的互动关系。"用中国理论阐释中国实践，用中国实践升华中国理论，更加鲜明地展现中国思想，更加响亮地提出中国主张。"② 把握社会主义核心价值观研究的谱系结构，打造"理论—实践"互构的价值文化发展模式，从而为价值观的跨文化传播提供必要的理论支点。理论是实践的支撑，实践对理论具有反作用，二者的相互转化促进了社会主义核心价值观跨文化传播的良性发展：既能通

---

① 《习近平关于社会主义文化建设论述摘编》，中央文献出版社，2017，第213～214页。
② 《习近平关于社会主义文化建设论述摘编》，中央文献出版社，2017，第213页。

过理论的解释功能为价值观念的跨文化传播提供支撑，又能在跨文化传播的实践中探寻理论发展的空间，实现良性互动。

三是把握好价值观传播内容与传播方法的关系。社会主义核心价值观跨文化传播的内容是明确的，具有系统性、理论性、文化性等鲜明特征，加之价值观念本身具有形而上特点，这就容易造成传播者与接受者在转化过程中对内容的把握有所偏差。要破解这一问题，找到有效方法与内容衔接是关键。这就需要在内容与方法层面把握好以下几点。首先做到内容的精确转化。社会主义核心价值观的内容转化是将理论体系的内容转化至实践体系、将价值体系的内容转化至行为体系，并在日常化、生活化的过程中确保价值信息不打折扣，确保社会主义核心价值观所承载的价值文化得到认同。在转化过程中，一方面要结合受众的文化特点因地制宜，分区域传播；另一方面要确保社会主义核心价值观的精神本质不受折损，实现有效传播。其次做到传播目标的精准指向。"在交流过程中，尽可能从对方受众的角度出发，设计交流活动的形式，精心选取传播内容。"[①] 在这里既涉及跨文化传播取得的效果如何，以保证传播方向的准确性，又涉及传播的目标群体是否明确，国际社会中容易接受社会主义核心价值观的群体才是传播的重点群体，比如青年群体的价值观念处于成熟易变期，可将之作为目标对象进行精准传播。最后做到方法与内容、目标的有效衔接。在方法取舍上，要充分考虑价值观念载体的承接水平是否与社会主义核心价值观的内容相称，所用的方法媒介是否为目标群体广泛接受。因此，社会主义核心价值观跨文化传播的内容与方法是一个严密的体系，要相互调试进行匹配，进而找到传播效果的最优解。

第三节　交流融合：社会主义核心价值观跨文化传播的模式建构

社会主义核心价值观跨文化传播要坚持整体性，让世界全面了解中

---

① 张骥等：《中华文化走向世界策略研究》，中国社会科学出版社，2019，第303页。

国，既要传播传统文化，又要宣扬时代精神；既要注重物质内容的传播，又要注重精神内容的传播；既要传播获得国际认同的价值观，又要传播民族化的价值观。要实现这种整体性传播，就需要在话语层面厘清社会主义核心价值观的概念与范畴，在理论层面把握好社会主义核心价值观的基本命题和观点，在文化载体上整合资源、开拓创新，形成社会主义核心价值观跨文化传播的中国模式，即通过交流融合"讲好中国故事，传播好中国声音"。

一 社会主义核心价值观跨文化传播的前提

习近平总书记在中共中央政治局第三十次集体学习时强调："讲好中国故事、传播好中国声音，向世界展现真实、立体、全面的中国。"① 有效促进客观性认识、本质性理解与自觉性认同，成为国际社会对中国价值观真实、立体、全面认同的必然逻辑。

首先，客观性认识是社会主义核心价值观获得国际认同的逻辑起点。马克思主义认识论的核心在于辩证地看待认识与实践的关系，强调认识本质上是主体在实践基础上对客体的能动反映，同时对实践具有一定的反作用。这种辩证唯物主义认识论决定了主观与客观相统一的认识才是科学的认识，即认识具有客观性。无论是对社会存在还是社会意识来说，客观性认识都是必然要求。现实生活中，人们通过直接经验与间接经验获得的认识具有较大差异性，其中直接经验产生客观性认识，间接经验则有可能产生非客观性认识，这就容易造成认知错位。价值观念作为一种社会意识，本身就是在实践中形成的形而上存在，人们对价值观念的认识源于间接经验，从而更容易形成非客观性认识。社会主义核心价值观的国际认同只有跨越国家政治体制与民族文化边界方可实现，这在物质层面与精神层面都给客观性认识带来了阻碍，需要层层破解也必须层层破解。人类命运共同体理念是客观性认识的有力支点。习近平总书记强调："我国日益走近世界舞台中央，有能力也有责任在全球事务中发挥更大作用，同各国一道为

---

① 《习近平谈治国理政》第 3 卷，外文出版社，2020，第 312 页。

解决全人类问题作出更大贡献。"① 发展中的世界面临着诸多亟待解决的问题，中国在应对环境保护、脱贫等人类共同面临的问题时提供了中国方案，彰显出中国智慧，充分践行了人类命运共同体理念。习近平在世界经济论坛"达沃斯议程"对话会上强调："解决好这个时代面临的课题，出路是维护和践行多边主义，推动构建人类命运共同体。"② 这一论点引发国际社会热议，自 2013 年习近平首次提出构建人类命运共同体的倡议以来，"构建人类命运共同体，实现共赢共享"的中国方案日益深入人心，主张建设"持久和平、普遍安全、共同繁荣、开放包容、清洁美丽的世界"③ 不断得到国际社会的认可。尤其近年来面对世界纷繁复杂的局势变化，不同国家、不同种族的人们更加直观、深刻地认识到人类命运共同体的重要性，直接促进了对人类命运共同体理念的认同与接受。因此，人类命运共同体理念在当今时代的具象化呈现，成为国际社会客观认识中国价值观念的强大支点。

客观性认识是中国价值观获得国际认同的题中应有之义。社会主义核心价值观跨文化传播应将客观性作为逻辑起点，使人类命运共同体在国际社会获得更为广泛的支持。人类命运共同体理念将人类文明视为有机统一体，以人类的整体生存发展为着眼点，倡导世界各国通过推进不同文化形态间的交流互鉴，来维护全人类的共同利益。事实上，人类命运共同体理念深刻体现了"当代中国价值观念是当代人类社会共同价值与中国实际相结合的产物，虽然在内容上更多地关照了中国现实，但同时也关照了整个人类命运共同体的构建和整个人类社会价值共识的凝聚"④，这为当今的全球治理体系提供了新的思想资源。在世界各国应对人类社会发展难题的时代背景下，作为中国价值观念的思想支点，人类命运共同体理念使国际社会加深了对中国价值观念的客观认识，也使其对构建人类命运共同体的前瞻性和紧迫性有了全新的认识。

---

① 《加强和改进国际传播工作 展示真实立体全面的中国》，《人民日报》2021 年 6 月 2 日。
② 习近平：《让多边主义的火炬照亮人类前行之路》，《人民日报》2021 年 1 月 26 日。
③ 《习近平谈治国理政》第 3 卷，外文出版社，2020，第 46 页。
④ 项久雨：《中国价值观念国际传播的三大目标》，《人民论坛》2017 年第 19 期。

其次，本质性理解是社会主义核心价值观国际认同的逻辑根源。理解是指"对事物的相互联系及其本质规律的逐渐认识过程。人们对事物的认识都有一个过程，随着这个过程的逐步展开，人们对事物有不同程度、不同水平的理解，大体上可分为对外部联系的理解和对内部联系的理解两个不同的阶段。前者是对事物表面现象的理解，后者是对事物的本质和规律的理解"①。社会主义核心价值观在国际社会得到本质性理解，是指对决定中国价值观念发展方向的根本属性的认识活动。就价值观念而言，其根本在于体制机制的决定性作用发挥，不同的体制与制度会影响不同文化价值的形成与发展。体制问题、制度问题，是中国一切问题的根本，也是中国价值观念的本质所在。对制度力量的认同需要通过形象直观的表达方式。习近平总书记指出："加快构建中国话语和中国叙事体系，用中国理论阐释中国实践，用中国实践升华中国理论，打造融通中外的新概念、新范畴、新表述，更加充分、更加鲜明地展现中国故事及其背后的思想力量和精神力量。"② 中国特色社会主义制度得益于马克思主义指导思想和中国革命、建设、改革实践的充分融合，是中国理论与中国实践相结合的重要成果。我国之所以能在改革开放、脱贫攻坚等方面取得重大战略成果，根源在于充分发挥了中国特色社会主义制度集中力量办大事的优势，这是社会主义制度优越性的直观体现，同时也让国际社会对中国制度有了更直观、更深刻的认识，并对中国价值观念有了本质上的理解。

中国共产党领导下的民主集中制的优势在实践中得到了充分检验。习近平总书记指出："正是因为始终在党的领导下，集中力量办大事，国家统一有效组织各项事业、开展各项工作，才能成功应对一系列重大风险挑战、克服无数艰难险阻，始终沿着正确方向稳步前进。"③ 在党的领导下，各项工作方向明确、重点突出、高效有序，做到了统一指挥、统一协调、统一调度，充分体现了集中力量办大事的制度优势。国际社会充分认识

---

① 廖盖隆等主编《马克思主义百科要览》上卷，人民日报出版社，1993，第290页。

② 《加强和改进国际传播工作 展示真实立体全面的中国》，《人民日报》2021年6月2日。

③ 习近平：《坚持、完善和发展中国特色社会主义国家制度与法律制度》，《求是》2019年第23期。

到，民主与集中并非对立矛盾的关系，只有将以民主为基础的集中和集中指导下的民主有机结合，才能发挥最大优势，这是中国特色社会主义民主集中制的本质所在。透过现象看本质，当今时代中国特色社会主义制度在中西方的制度比较中凸显的优势，让国际社会认识到中国价值观念的制度根源。制度是价值观念的基础，制度优势的释放势必会提升价值观念的认可度。国际社会所接触的社会主义核心价值观是其表现出的种种思想文化样态，蕴含于中国特色社会主义制度的内涵之中。只有根植于对社会主义制度的本质理解，才有可能实现真正的价值认同。

最后，自觉性认同是社会主义核心价值观国际认同的逻辑导向。所谓自觉，是指在认识和掌握现实世界规律性的过程中形成并按照自己的目的和愿望做出决定和采取行动的能力。"从道德意义上讲，自觉性是道德良心发展的最高程度。是指一个人在认识社会历史发展规律以及理解道德要求的实际社会意义的基础上，对一定的伦理关系、道德价值的自觉领悟，并进而付诸自己的道德行为实践。自觉性要求不仅在于使自己的行动自觉自愿，而且还要求行动目的性的自我觉悟、自觉认同。"[①] 因此，自觉认同是在道德层面对社会主义核心价值观的理性把握。当前，社会主义核心价值观的产生、发展是中国人民在几千年的生产实践中对文化进行理性选择的结果，因此形成的价值观念是自觉的、先进的公共价值，即中国的价值观念是一种文化理性。

民族精神和时代精神作为精神文化的呈现样态，是社会主义核心价值观的重要表达，也是国际社会自觉认同中国价值观念的重要支撑。文化是国家和民族的灵魂，精神是文化凝聚力与行动力的体现，价值观是文化的精神内核，中西文化的根本不同之处在于价值的区别。不同国家之间既有制度与治理方略的不同，也有文化不同带来的价值观念的差异。因此，社会主义核心价值观跨文化传播的最大限度在于如何突破文化边界，让国际社会在交流交融中积极、主动、理性地认识中国价值观念，实现对价值本质的科学理解，形成价值自觉。所谓价值自觉，是指"人们克服本能支

---

① 徐少锦、温克勤：《伦理百科辞典》，中国广播电视出版社，1998，第405页。

配，立足科学的理性思维，透过现象看本质，抓住事物发展规律，积极、主动、理性地追求功利价值与道德价值的内在统一、个体价值与群体价值的合理兼顾，追求人、自然、社会和谐发展的价值"①。社会主义核心价值观获得国际认同的高级目标就是达到价值自觉的状态。自觉性认同是目标导向，不是单纯地受到某种精神的激发就能实现的。国际社会对中国价值观念的认同是一个复杂的系统结构，认知系统是认同的起点，具有客观性；调节系统在充分了解中国特色社会主义制度的前提下运行，探寻认同或排斥的根源；激发系统则需瞄准目标导向，将自发性认同提升至自觉性认同状态。

客观性认识、本质性理解、自觉性认同是互为基础的递进关系，构成了社会主义核心价值观跨文化传播与认同的基本逻辑框架。客观性认识作为逻辑起点，是国际社会摒弃价值认识"偏见"的基本前提；本质性理解作为逻辑根源，是国际社会消除对社会主义核心价值观"误解"的关键所在；自觉性认同作为逻辑导向，是社会主义核心价值观在国际社会广泛传播的目标指向与理想形态。若客观性认识不足，就不存在本质性理解，更不会达到自觉性认同的状态。因此，三者的递进关系构成了社会主义核心价值观跨文化传播与认同的三重逻辑。诚然，与认同系统对应的传播系统同样重要，需要通过转换话语、理论阐释、媒介互动、调节反馈等机制建构社会主义核心价值观的传播体系。在"两个一百年"的历史交汇期，应在国际国内新的格局与形势下构建社会主义核心价值观"国际传播—国际认同"的联动运行体系，彰显人类社会的共同价值。

二 社会主义核心价值观跨文化传播的路径选择

从本土建构到跨文化传播，是社会主义核心价值观文化逻辑发展链条的必然走向。但与本土建构路径不同，跨文化传播的路径是以本土建构为基础的外向传播，既有目标上的区分性，又有方法上的关联性，同时还有对内对外的互动性。从价值体系进入传播体系，从国内社会走向国际社

---

① 王伦光：《价值自觉与社会主义核心价值体系的政治认同》，《理论探讨》2014 年第 3 期。

会，社会主义核心价值观跨文化传播的路径选择在于转化，主要包括理论推介、社会传播与融合感染三条路径。

一是理论推介路径。理论推介路径是指通过深度的理论阐释，明确社会主义核心价值观"是什么"以及"为什么"，通过理论话语夯实社会主义核心价值观跨文化传播的基础，确证其在国际社会的文化形象与价值主张。一般来说，理论推介的主体由专家学者组成，他们通过对社会主义核心价值观进行解读，形成一定的理论研究成果与学术观点，在相应学术领域发声，尤其要在国际上构建社会主义核心价值观的学术阵地，与各国专家学者展开中国价值观的学术研讨，通过学术争鸣助推社会主义核心价值观走向理论研究。在内容上，注重研究社会主义核心价值观的文化根源、价值主张、现实形态、理论对比，剖析与其他国家价值观念的区别与联系，找准理论关联点位，拓展新的研究视域。在方法上，采用案例研究、对比分析等，在各学科中找到与研究内容相契合的研究方法，进行科学权威的研究解读。在成果推广上，既要在现有的国际学术平台中找到有效的发声渠道，又要不断为社会主义核心价值观的国际研究搭建平台，通过国际学术会议、专题研究论坛等多种方式推广社会主义核心价值观的研究成果，把握话语权与主导权。"广大理论工作者应尽快摆脱盲目照搬西方哲学社会科学的词语、概念、逻辑来分析中国现状的状态，坚持立足基本国情，敏锐把握时代特征，推动话语创新，切实承担起用中国话语解释中国乃至世界的责任。"[1] 诚然，社会主义核心价值观具有鲜明的意识形态属性，其理论研究在国际学术领域获得一定的话语权需要一个过程，这就要求专家学者在研究选题上找到关键点位、在研究方法上遵循科研规律、在成果展现上找寻多方渠道，通过全面探索找到理论推介的有效路径。理论推介路径对社会主义核心价值观的跨文化传播具有基础性作用，具备一定的先导性，同时为其他路径的畅通提供了强有力的保障。

二是社会传播路径。社会传播路径是社会主义核心价值观跨文化传播的主体路径，主要是通过各类媒介载体在国际社会打造一定的宣传文化格

---

[1]　李韬、林经纬：《中国软实力提升：问题与出路》，《红旗文稿》2013 年第 13 期。

局，重点解决社会主义核心价值观在国际社会"怎么样"的问题，通过广泛的社会传播，促进其在国际社会的接受与认同。跨文化传播的主要渠道是社会传播，一般包括通过报刊、电视、网络、电影等媒介进行的大众传播，通过社会组织的公共关系进行的组织传播，通过人与人的社会关系进行的人际传播，这三类传播在社会传播路径中发挥各自优势，成为跨文化传播最为重要的路径。在大众传播中，社会主义核心价值观作为系统性的价值观念难以通过最直接的形式进入大众传媒，而是通过转化整合，融入新闻报道、电视节目、网络作品、影视产品之中，进而在国际社会被大众所接受和认同。在组织传播中，公共关系既包括政府部门，也包括各类企业单位。在跨文化背景中的组织传播主要是指在政府部门的各类外交事务和企业单位的外贸活动中，充分体现社会主义核心价值观的价值主张，通过跨文化传播树立良好的国家形象。在跨文化传播中，人际传播时时刻刻都在发生，却尚未得到足够的重视，外国来华留学生、中国赴海外留学生以及活跃在世界各地的中国人无时无刻不在影响着中国价值观念的国际传播，这些个体是社会主义核心价值观的形象代言人，需要通过他们在全世界搭建一张跨文化传播的国际关系网。综上，无论是社会媒体的大众传播、企业的组织传播，还是公民个体的人际传播，都在社会主义核心价值观的跨文化传播中构建了相互交织、相互关联的社会传播体系，成为跨文化传播路径中的关键所在。

三是融合感染路径。融合感染路径是社会主义核心价值观跨文化传播的辅助路径，是指不断通过目标统合、内容调和、方法转合等促进社会主义核心价值观的跨文化传播实现抽象价值形象化、系统理论生活化、整体观念细节化。拓展融合感染路径的目标在于增强社会主义核心价值观跨文化传播的实效性，增强跨文化传播的吸引力与感染力。一般来说，融合感染路径包括两个方面：一方面，通过融合渗透的方式使社会主义核心价值观进入大众的日常生活环境；另一方面，通过渲染宣传的方式使社会主义核心价值观的内容产品在国际社会获得广泛认同。融合渗透主要是将社会主义核心价值观的内容进行转化处理，对其倡导的价值观念进行形象化、具体化加工，以社会大众所能接受的形式进入社会传播体系。同时，也要注重合理利用国际社会上已有的价值文化产品，针对有一定受众的文化产品进行社会主义核心价值观的再解读，实现"他者"文化的再利用。也就是说，融合是双向的，既要使社会主义核心价值观融入国际社会，又要将国际社会流行的价值文化整合至社会主义核心价值观中，在文化交流的同时完成跨文化传播。渲染宣传主要是对传播内容的深度加工，不同于理论推介的深度与直接、社会传播的广泛与综合，渲染主要是就某一核心内容、重点事件进行充分的挖掘与加工，实现点位上的靶向传播。融合感染路径与其他两种路径相比，主要起辅助配合作用，三条路径相互补充，构成了社会主义核心价值观跨文化传播的全方位路径体系。

三　社会主义核心价值观跨文化传播的运行模式

在实践意义上，社会主义核心价值观跨文化传播是一个系统结构，总体上既包括内容体系上的价值超越，又包括传播体系中的多元并进，还包括支撑体系中的文化转型。同时，在传播路径的作用下，价值超越内容体系、多元并进传播体系、文化转型支撑体系三者间形成互动关系，成为社会主义核心价值观跨文化传播的基本运行模式（见图 5 - 1）。

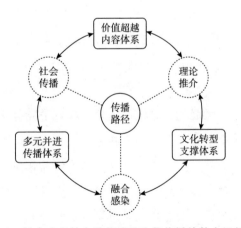

图 5 - 1　社会主义核心价值观跨文化传播的基本运行模式

价值超越内容体系是运行系统的关键所在。不难理解，价值超越内容体系即社会主义核心价值观以及体现社会主义核心价值观的价值文化内容。我们所讨论的价值超越就是社会主义核心价值观在跨文化传播中如何超越国际社会现有的主流价值观念以及如何摆脱本土建构的束缚。只有进行自我超越与超越他者，社会主义核心价值观才有可能形成价值体系优势，进行有效的跨文化传播。因此，需要充分挖掘并彰显社会主义核心价值观的超越性。文化本身就具有超越性，"人是唯一真正的超越性的存在，人的活动是唯一真正的超越性活动，而文化是人的存在方式，从而也就决定了文化本质上具有超越性"[①]。社会主义核心价值观的超越性体现为其生成环境的优越性。社会主义制度自诞生之日起就因为自身指导思想的先进性与科学性而具备了制度上的优越性，这是人类社会发展的基本规律所决定的。社会主义核心价值观代表着社会主义先进文化的发展方向，其超越性是符合社会制度发展规律的。具体而言，社会主义核心价值观作为价值文化的内容在跨文化传播中的价值超越体现在两个方面：一方面，对外传播是一种超越本土建构的跨文化传播，当中国文化进入国际社会与不同的文化碰撞交流时，社会主义核心价值观必须在坚守价值立场的同时吸收借鉴有益成分，实现自我超越，这是在本土建构过程中所不能完成的；另一方面，跨文化传播意味着对其他文化的超越，通过建构一套具有中国立场、中国话语的价值体系，在世界文化之林彰显社会主义文化的优越性，是社会主义核心价值观跨文化传播的必由之路。因此，社会主义核心价值观的跨文化传播首先应建构价值超越内容体系，既为传播实践活动进行了立场定位，也提供了方向指引。

多元并进传播体系是运行系统的主体，决定了社会主义核心价值观靠什么进行跨文化传播。之所以是多元并进的传播体系，是因为跨文化传播本身就是一个复杂的系统，既需要发挥传播主体的作用，也需要在传播过程中建构起符合传播与接受规律的话语体系，更需要有传播平台的运行和支撑。在传播主体方面，要建构相互协作、相互补充的传播主体群，政府组织主体通过外交途径充分宣传社会主义核心价值观的立场，专家学者通过充分的理论阐释全面解析社会主义核心价值观的理论意义，社会大众通

---

① 刘洋：《当代中西文化交流中的意识形态问题》，社会科学文献出版社，2014，第199页。

过自身的行为示范展现社会主义核心价值观的文化魅力等。在话语建构方面，要注重对社会主义核心价值观的转化，在理论话语中与国际社会接轨的同时充分表明中国的价值立场，在生活话语中展现文化魅力的同时充分体现中国的价值优势，在传媒话语中符合传播规律的同时充分彰显中国的价值属性。总之，价值观念的跨文化传播需要建构一套具有中国特色的话语体系，这是社会主义核心价值观跨文化传播的必然要求。在传播平台方面，既需要充分利用现有的传播媒介，通过各类平台广泛传播社会主义核心价值观的文化产品，也要不断搭建新的平台，弥补现有平台的不足，提升跨文化传播的整体效率。在传播主体、传播话语、传播平台的共同作用下，社会主义核心价值观的多元并进传播体系得以成形，成为跨文化传播运行系统的核心，承接着价值超越内容体系中的价值文化元素，并在文化转型支撑体系的作用下确保社会主义核心价值观跨文化传播的顺利进行。

文化转型支撑体系对系统运行而言起到了一定的促进作用，是社会主义核心价值观跨文化传播的保障。在跨文化传播中，矛盾的聚焦点在于国际社会如何承认社会主义核心价值观的价值优越性，抑或是说，社会主义核心价值观如何促进国际社会形成文化自觉。"文化自觉是对文化的自我觉醒、自我反思和理性审视，是指生活在一定文化历史圈子中的主体对自己的文化应该有自知之明，既清楚长处，也了解短处，同时也要了解和认识其他文化，处理好本土文化与外来文化的关系。"[1] 对社会主义核心价值观而言，这里的文化自觉属于对自我价值体系的文化自信；对国际社会上的种种价值观念而言，则是在与社会主义核心价值观的交流中所形成的文化自觉。因此，社会主义核心价值观的跨文化传播必然面临的一个重要命题就是文化转型。文化转型模式分为两类："文化模式内在的创造性转化和外在的批判性重建。"[2] 社会主义核心价值观的跨文化传播必须有文化转型的支撑才能顺利进行。一方面，是基于文化自觉的创造性转化，不断凝练创造性文化精神，使社会主义核心价值观成为国际社会的主导性文

---

[1]　张友谊：《从文化自觉到文化自信》，《光明日报》2017 年 11 月 29 日。

[2]　刘洋：《当代中西文化交流中的意识形态问题》，社会科学文献出版社，2014，第 204 页。

化；另一方面，是基于文化自信的批判性重建，主要是针对其他文化模式所进行的，是在不以折损社会主义核心价值观的精神内核的前提下进行的。历史上有很多文化转型的案例，马克思主义中国化就是典型的文化转型。同时，文化转型是双向的，马克思主义中国化与中国化马克思主义是同步进行的。社会主义核心价值观跨文化传播同样如此，国际社会的不同文化形态在与社会主义核心价值观交流的过程中不断进行创造性转化和批判性重建，最终达成某种程度的价值共识，这是社会主义核心价值观跨文化传播的终极指向。

在社会主义核心价值观跨文化传播的运行体系中，内容体系、传播体系、支撑体系相互作用，并在文化传播的基本规律中形成了理论推介、社会传播、融合感染的路径体系，这些要素缺一不可，为社会主义核心价值观从本土建构走向国际社会提供了科学的指引和有力的支撑。此外，在该运行体系中，各组成要素相互影响的同时，与环境因素相互作用，这是跨文化传播的一般规律，也是社会主义核心价值观文化逻辑的必然形态。

参考文献

经典文献

《马克思恩格斯选集》（1~4卷），人民出版社，2012。

《马克思恩格斯文集》（1~10卷），人民出版社，2009。

《列宁选集》（1~4卷），人民出版社，1995。

《列宁专题文集》（1~5卷），人民出版社，2009。

《毛泽东选集》（1~4卷），人民出版社，1991。

《毛泽东文集》（1~8卷），人民出版社，1996。

《邓小平文选》（1~3卷），人民出版社，1993~1994。

《习近平谈治国理政》（1~3卷），外文出版社，2014~2020。

学术著作

李德顺：《价值论》，中国人民大学出版社，2007。

李德顺、孙伟平：《道德价值论》，云南人民出版社，2005。

罗国杰：《马克思主义价值观研究》，人民出版社，2013。

程伟礼、杨晓伟：《中国特色社会主义核心价值观的历史形成》，复旦大学出版社，2013。

侯惠勤、姜迎春、黄明理：《冲突与整合：如何认识我国社会主义改革实践过程对人们思想的影响》，中国人民大学出版社，2004。

韩震：《社会主义核心价值观凝练研究》，北京师范大学出版社，2012。

韩震：《社会主义核心价值观新论：引领社会文明前行的精神指南》，人民出版社，2015。

韩震：《社会主义核心价值观的话语建构与传播》，中国人民大学出版社，2019。

杨晓慧：《社会主义核心价值体系融入大学生思想政治教育全过程的基本问题研究》，人民出版社，2011。

孙正聿：《思想中的时代——当代哲学的理论自觉》，北京师范大学出版社，2004。

田海舰、邹卫：《社会主义核心价值观论纲》，人民出版社，2010。

田海舰：《社会主义核心价值体系培育纲要》，人民出版社，2012。

宣兆凯、韩震：《中国社会价值观现状及演变趋势》，人民出版社，2011。

袁贵仁：《价值观的理论与实践——价值观若干问题的思考》，北京师范大学出版社，2006。

顾海良、梅荣政：《马克思主义与现时代》，武汉大学出版社，2006。

陈章龙：《价值观研究》，南京师范大学出版社，2004。

陈章龙：《论主导价值观》，江苏人民出版社，2006。

陈章龙：《冲突与构建——社会转型时期的价值观研究》，南京师范大学出版社，2010。

戴钢书：《德育环境研究》，人民出版社，2002。

戴木才：《中国特色核心价值观的传统现实与前景》，广西人民出版社，2011。

高地：《中国共产党社会主义核心价值观教育研究》，人民出版社，2013。

龚群：《当代中国社会主义核心价值观调查研究》，北京师范大学出版社，2012。

胡海波：《价值理念与精神家园》，吉林人民出版社，2009。

李建华：《多元化时代的价值引领——社会主义核心价值体系建设与社会思潮有效引领研究》，人民出版社，2012。

刘建军：《马克思主义信仰论》，中国人民大学出版社，1998。

马德普：《社会主义基本价值论》，中央编译出版社，1997。

梅荣政、杨军：《社会主义核心价值体系与社会思潮析评》，中国社会科学出版社，2010。

宁先圣、石新宇：《社会主义核心价值体系与当代社会思潮》，社会科学文献出版社，2011。

裴德海：《从一般价值到核心价值——社会主义核心价值观培育与践行的双重逻辑》，安徽教育出版社，2013。

戚万学：《冲突与整合——20世纪西方道德教育理论》，山东教育出版社，1993。

邵汉明：《核心价值观研究：以中国及世界各国的实践为视阈》，长春出版社，2015。

石云霞：《当代中国价值观论纲》，武汉大学出版社，1996。

司马云杰：《文化价值哲学》，山东人民出版社，1995。

宋惠昌：《社会主义核心价值观》，中共中央党校出版社，2010。

孙伟平：《价值哲学方法论》，中国社会科学出版社，2008。

王玉樑：《当代中国价值哲学》，人民出版社，2004。

王玉樑．：《21世纪价值哲学》，人民出版社，2006。

魏贤超、王小飞：《在历史与伦理之间 中西方德育比较研究》，浙江大学出版社，2009。

文兵：《价值多元与和谐社会》，中国政法大学出版社，2007。

吴向东：《重构现代性——当代社会主义价值观研究》，北京师范大学出版社，2006。

谢晓娟：《社会主义核心价值观研究》，中国社会科学出版社，2012。

熊晓红、王国银：《价值自觉与人的价值》，人民出版社，2007。

俞可平：《社群主义》，中国社会科学出版社，2005。

袁桂林：《当代西方道德教育理论》，福建教育出版社，1995。

赵馥洁：《价值的历程——中国传统价值观的历史演变》，中国社会科学出版社，2004。

张澍军：《德育哲学引论》，人民出版社，2002。

郑洁：《网络媒体传播社会主义核心价值观研究》，中国社会科学出版社，2012。

竹立家：《价值论》，中国人民大学出版社，1998。

〔美〕丹尼尔·贝尔：《资本主义文化矛盾》，赵一凡、蒲隆、任晓晋译，生活·读书·新知三联书店，1989。

〔德〕卡尔·雅斯贝斯：《时代的精神状况》，王德峰译，上海译文出版社，1999。

〔美〕柯尔伯格：《道德价值的哲学》，魏贤超译，浙江教育出版社，2000。

〔德〕孔汉思、库舍尔编《全球伦理——世界宗教议会宣言》，何光沪译，四川人民出版社，1997。

〔美〕罗伯特·帕特南：《独自打保龄——美国社区的衰落与复兴》，刘波、祝乃娟、张孜异、林挺进、郑寰译，北京大学出版社，2011。

〔美〕罗兰·罗伯森：《全球化：社会理论和全球文化》，梁光严译，上海人民出版社，2000。

〔法〕让·斯托策尔：《当代欧洲人的价值观念》，陆象淦译，社会科学文献出版社，1988。

《关于培育和践行社会主义核心价值观的意见》，人民出版社，2013。

期刊论文

包心鉴：《会主义核心价值观：本质特征·功能定位·路径选择》，《山东高等教育》2014 年第 10 期。

蔡惠福、刘大勇：《建设社会主义文化强国须搞好核心价值观的对外传播》，《红旗文稿》2012 年第 5 期。

陈秉公：《论社会主义核心价值观"高势位"培育和践行的规律性》，《思想理论教育》2014 年第 2 期。

陈秉公：《社会主义核心价值观"高势位"培育和践行的若干基本理论》，《石河子大学学报》（哲学社会科学版）2016 年第 6 期。

陈桂生：《价值观教育辨析》，《思想理论教育》2002 年第 11 期。

陈静：《社会主义核心价值观基本内涵探要》，《马克思主义研究》2007 年第 6 期。

陈锡喜：《关于社会主义核心价值观教育贯穿高校思想政治理论课教学全过程的思考》，《思想理论教育》2015 年第 6 期。

陈延斌、周斌：《国外核心价值观的凝练及其启示》，《马克思主义研究》2012 年第 12 期。

陈拯：《反美主义：美国软权力的悖论》，《国际政治研究》2008 年第 1 期。

程广云、韩璞庚：《论普世价值如何可能》，《学术月刊》2002 年第 5 期。

戴木才：《从世界社会主义运动看社会主义核心价值观建设》，《红旗文稿》2011 年第 22 期。

党琼：《中国社会主义核心价值观与国家形象对外传播策略研究》，《文化与传播》2020 年第 3 期。

邓斌、杨艳：《社会主义核心价值观融入全民教育全过程探究》，《学校党建与思想教育》2013 年第 4 期。

邓卓明、陈波：《新时代培育和践行社会主义核心价值观的思考》，《社会主义核心价值观研究》2018 年第 6 期。

董奇：《把社会主义核心价值观融入人才培养全过程》，《中国高等教育》2017 年第 1 期。

范树成：《美国核心价值观教育探析》，《外国教育研究》2008 年第 7 期。

方爱东：《社会主义核心价值观论纲》，《马克思主义研究》2010 年第 12 期。

高雁、尹亚冲：《人类命运共同体视域下社会主义核心价值观的时代价值和传播路径》，《学习论坛》2020 年第 8 期。

郭凤志：《价值观教育应把握好的三个问题》，《思想理论教育导刊》2004 年第 2 期。

韩丽颖、杨晓慧：《当代大学生核心价值观的凝练》，《思想教育研究》2012 年第 11 期。

韩喜平：《社会主义核心价值观培育与高校的责任》，《中国高等教育》2014 年第 4 期。

韩震：《论作为社会主义核心价值观的和谐》，《校理论战线》2012 年第 4 期。

韩震：《"民主、公正、和谐"体现了社会主义的核心价值追求》，《红旗文稿》2012 年第 6 期。

侯丹娟：《关于价值观教育的多维度思考》，《学校党建与思想教育》2011 年第 2 期。

侯惠勤：《"普世价值"与核心价值观的反渗透》，《马克思主义研究》2010 年第 11 期。

侯惠勤：《在社会主义核心价值观的概括上如何取得共识?》，《红旗文稿》2012 年第 8 期。

胡海波：《从和合文化传统到和谐社会理想》，《社会科学战线》2005 年第 5 期。

黄蓉生、白显良：《提炼社会主义核心价值观若干问题思考》，《思想理论教育》2011 年第 3 期。

黄蓉生、白显良：《社会主义核心价值观的提炼与表达》，《高校理论战线》2011 年第 11 期。

蒋艳：《社会主义先进文化与社会主义核心价值观的共同属性论》，《思想教育研究》2019 年第 1 期。

姜迎春：《凝练社会主义核心价值观弘扬马克思主义政党的本质》，《红旗文稿》2012 年第 8 期。

蒋旭东、孟令梅：《"普世价值"问题学术研讨会综述》，《政治学研究》2008 年第 5 期。

卡明斯、钟启泉：《从课程看道德及宗教教育——价值教育的国际比较（之一)》，《外国教育资料》1997 年第 2 期。

卡明斯、钟启泉：《从课程看道德及宗教教育——价值教育的国际比较（之二)》，《外国教育资料》1997 年第 3 期。

卡明斯、钟启泉：《从课程看道德及宗教教育——价值教育的国际比较（之三)》，《外国教育资料》1997 年第 4 期。

柯缇祖：《社会主义核心价值观研究》，《红旗文稿》2012 年第 1 期。

李滨：《建设道德制高点——中国对外关系必须面对的新挑战》，《江苏社会科学》2009 年第 6 期。

李德顺：《关于价值和"人"的价值》，《中国社会科学》1994 年第 5 期。

李德顺：《怎样看"普世价值"？》，《哲学研究》2011 年第 1 期。

李景源、孙伟平：《价值观和价值导向论要》，《湖南科技大学学报》（社会科学版）2007 年第 4 期。

李明：《社会主义核心价值观贯穿大学生思想政治教育研究》，《学校党建与思想教育》2017 年第 9 期。

李爽、金玲玲、王婷、刘芳：《社会主义核心价值观融入高校教育教学全过程现状评价研究》，《学校党建与思想教育》2019 年第 4 期。

李欣怡、任成孝、高鑫：《国外学生核心价值观教育研究及其当代启示——基于马克思主义核心价值观的思考》，《教育理论与实践》2015 年第 13 期。

李延生：《社会主义核心价值观国际话语权构建的意义与原则》，《求知》2017 年第 3 期。

李忠军、张森林：《大学生政治心理与政治价值观教育》，《思想教育研究》2008 年第 3 期。

李忠军：《试论社会主义核心价值体系与当代中国精神》，《社会科学战线》2012 年第 10 期。

林伯海、易刚：《社会主义核心价值观国际认同的机理和实现路径》，《思想理论教育》2014 年第 10 期。

林建华：《新中国 70 年：马克思主义中国化的历史进程与中国化马克思主义的接续创新》，《东岳论丛》2019 年第 9 期。

刘长龙：《当代中美核心价值观教育比较之启示》，《学术论坛》2008 年第 9 期。

刘建军：《论经济全球化时代的爱国主义》，《教学与研究》2012 年第 4 期。

刘建军：《"社会主义核心价值观"的三种区分》，《思想理论教育导刊》2015 年第 2 期。

刘梅：《价值观的形成规律与青年价值观教育》，《当代青年研究》1999 年第 5 期。

刘书林：《培育社会主义核心价值观的基本原则》，《思想理论教育》2013 年第 3 期。

刘书林：《论社会主义核心价值观的几个重要关系》，《思想理论教育导刊》2014 年第 9 期。

刘新庚、刘邦捷、黄力：《培育社会主义核心价值观的动力机制探索》，《社会主义核心价值观研究》2016 年第 12 期。

龙妮娜：《大学生社会主义核心价值观教育联动协同机制研究》，《广西社会科学》2016 年第 6 期。

罗生全：《社会主义核心价值观融入学校教育的机制创新》，《教育科学研究》2017 年第 3 期。

骆郁廷：《论社会主义的核心价值》，《马克思主义研究》2014 年第 8 期。

马娟：《"一带一路"背景下社会主义核心价值观的对外影响研究——以岭南文化的国际传播为视角》，《社科纵横》2019 年第 3 期。

马文琴：《IEA 跨国公民教育研究分析及启示》，《外国教育研究》2009 年第 8 期。

梅荣政：《社会主义核心价值观的内容构成》，《红旗文稿》2012 年第 9 期。

莫尼卡·泰勒、万明：《价值观教育与教育中的价值观》（上），《教育研究》2003 年第 5 期。

莫尼卡·泰勒、杨韶刚、万明：《价值观教育与教育中的价值观》（中），《教育研究》2003 年第 6 期。

莫尼卡·泰勒、杨韶刚、万明：《价值观教育与教育中的价值观》（下），《教育研究》2003 年第 7 期。

秦行音：《底线伦理、最低限度的道德与当代价值观教育》，《教育学报》2011 年第 5 期。

秦宣：《培育和践行社会主义核心价值观的制度保障》，《思想教育研究》2015 年第 2 期。

邱柏生：《试论开展社会主义核心价值体系教育的话语体系支撑》，《思想理论教育导刊》2010 年第 11 期。

邱柏生：《试论价值观的形成是一个过程》，《社会主义核心价值观研究》2015 年第 1 期。

沈湘平：《价值共识是否及如何可能》，《哲学研究》2007 年第 2 期。

沈壮海：《社会主义核心价值观培育和践行的着力点》，《思想政治工作研究》2012 年第 12 期。

沈壮海、王绍霞：《全球化背景下青年学生的文化认同》，《思想理论教育》2014 年第 3 期。

盛春辉：《从价值观形成的规律看价值观教育》，《求索》2003 年第 4 期。

石海兵：《对价值观教育中"灌输"的理性分析》，《理论与改革》2005 年第 6 期。

苏振芳：《践行社会主义核心价值观必须正确把握三种关系》，《社会主义核心价值观研究》2016 年第 6 期。

孙家荣、鲍峻峰：《美军核心价值观培育透视》，《思想教育研究》2009 年第 8 期。

孙兰英等：《社会主义核心价值观的思想底蕴及时代特征》，《社会主义核心价值观研究》2019 年第 6 期。

孙利天：《价值哲学的困惑与思索》，《吉林大学社会科学学报》2003 年第 5 期。

孙伟平：《论多元文化价值观存在的根据及意义》，《湖南社会科学》2007 年第 4 期。

孙伟平、孙晓静：《当代中国话语体系建设与社会主义核心价值观"走出去"》，《当代中国价值观研究》2018 年第 4 期。

谭再文：《价值观与未来——美国几种主要价值观教育方法简析》，《外国教育资》1993 年第 4 期。

汤一介：《论儒学与"普遍价值"问题》，《中国文化研究》2012 年第 3 期。

田鹏颖等：《劳模精神的逻辑结构及其融入社会主义核心价值观培育的理路探析》，《社会主义核心价值观研究》2019 年第 12 期。

田心铭：《中国社会主义核心价值观：以人为本，实事求是，独立自主》，《马克思主义研究》2011 年第 11 期。

涂成林、刘纯强、黄旭：《美国霸权文化安全理念及其文化扩张战略》，《学术研究》2013 年第 9 期。

万美容、姬会然：《国外道德教育的基本方法对我国学校德育的启示》，《学校党建与思想教育》2007 年第 4 期。

王安：《论新时代社会主义核心价值观的对外传播》，《世界社会主义研究》2018 年第 8 期。

王小飞：《试论公民身份教育的实践模式——基于六国培养体系的比较研究》，《教育研究》2015 年第 10 期。

王晓晖：《积极培育和践行社会主义核心价值观》，《求是》2012 年第 23 期。

王晓莉：《把核心价值观教育融入高校教育全过程》，《人民论坛》2018 年第 1 期。

王琰：《将社会主义核心价值观融入高校立德树人全过程的五个维度》，《思想理论教育导刊》2015 年第 1 期。

王永贵：《社会主义核心价值观培育的目标指向和实现路径》，《思想理论教育》2013 年第 3 期。

王泽应等：《论培育和践行社会主义核心价值观的个体道德路径》，《社会主义核心价值观研究》2016 年第 10 期。

汪信砚：《全球化中的价值认同与价值观冲突》，《马克思主义哲学研究》2003 年第 1 期。

吴潜涛：《协调发展理念与社会主义核心价值观》，《中国高等教育》2016 年第 6 期。

吴琼：《国外核心价值观传播管窥》，《中国社会科学报》2014 年第 7 期。

吴桐：《美国建构现代道德文化的历史进程与经验教训》，《外国问题研究》2019 年第 1 期。

吴向东：《论价值观的形成与选择》，《哲学研究》2008 年第 5 期。

吴向东：《价值观的核心问题及其解答的前提批判》，《马克思主义与现实》2010 年第 1 期。

吴倬：《关于价值观教育方法论的哲学思考》，《清华大学学报》（哲学社会科学版）2005 年第 2 期。

吴倬：《关于价值观与价值观教育问题的若干理论思考》，《思想政治教育研究》2009 年第 3 期。

项久雨、欧丹：《当代中国价值观念国际传播的时代考量》，《思想政治教育研究》2021 年第 1 期。

辛志勇、金盛华：《西方学校价值观教育方法的发展及其启示》，《比较教育研究》2002 年第 4 期。

辛志勇、金盛华：《论心理学视野中的价值观教育》，《教育理论与实践》2002 年第 4 期。

许恒兵：《历史虚无主义思潮的演进、危害及其批判》，《思想理论教育》2013 年第 1 期。

杨晓慧：《社会主义核心价值体系融入大学生思想政治教育全过程论析》，《新华文摘》2009 年第 24 期。

杨辛：《德育：价值教育还是价值观教育》，《基础教育研究》2004 年第 11 期。

余莉：《"普世价值"问题研究综述》，《合肥学院学报》（社会科学版）2011 年第 6 期。

袁银传、白云华：《论社会主义核心价值观的内在规定、基本特征和功能定位》，《社会主义核心价值观研究》2020 年第 2 期。

张红、刘斌：《中美价值观教育比较——集体主义与个人主义的对照》，《教学与管理》2004 年第 15 期。

张澍军：《德育的前提性承诺》，《教育研究》2003 年第 2 期。

张澍军：《论人学视域的德育目的》，《社会科学战线》2004 年第 5 期。

张漾麟、康凤云：《"普世价值"研究述评——基于近五年来国内学者的研究成果》，《汕头大学学报》（人文社会科学版）2013年第2期。

张耀灿：《构建社会主义核心价值观养成教育长效机制的思考》，《社会主义核心价值观研究》2015年第12期。

郑永廷：《论当代西方国家思想道德教育方法》，《学术研究》2000年第3期。

郑永廷：《社会主义核心价值观主导与多样价值追求协调新常态研究》，《社会主义核心价值观研究》2015年第12期。

赵丽涛：《全球化背景下社会主义核心价值观的对外传播》，《中国特色社会主义研究》2014年第3期。

钟明华、黄荟：《社会主义核心价值观内涵解析》，《山东社会科学》2009年第12期。

钟明华等：《论社会主义核心价值观整体性的发生逻辑》，《社会主义核心价值观研究》2016年第4期。

周鑫宇：《美国核心价值观的传播话语改造分析》，《现代传播》（中国传媒大学学报）2018年第5期。

周正艳：《社会主义核心价值观认同路径研究》，《湖南社会科学》2012年第6期。

朱霁：《论社会主义核心价值观的对外传播及其实践路径》，《马克思主义研究》2016年第8期。

朱小蔓、李敏：《国际全民教育发展对价值观教育的新诉求》，《全球教育展望》2009年第10期。

左亚文：《社会主义核心价值观的凝练和深化》，《江西社会科学》2013年第1期。

〔哈萨克斯坦〕阿伊达尔别科夫：《俄罗斯当代青年的价值取向》，《俄罗斯中亚东欧市场》2008年第7期。

〔美〕A. 威尔森：《美国道德教育危机的教训》，《国外社会科学》2000年第2期。

报纸论文

包心鉴：《社会主义核心价值观的凝练与建构》，《光明日报》2012 年 1 月 14 日。

陈秉公：《如何认识社会主义核心价值观与社会主义意识形态的关系》，《光明日报》2011 年 1 月 24 日。

程恩富：《核心价值观凝练的五个方面》，《光明日报》2011 年 3 月 28 日。

崔延强、郭平：《社会主义核心价值观初探》，《光明日报》2011 年 1 月 16 日。

戴木才：《积极培育和践行社会主义核心价值观》，《光明日报》2012 年 12 月 8 日。

冯虞章：《怎样认识所谓"普世价值"》，《人民日报》2008 年 9 月 10 日。

龚群：《三层次社会主义核心价值观及其内在关系》，《光明日报》2013 年 1 月 5 日。

韩庆祥：《核心价值观该如何凝练》，《光明日报》2011 年 8 月 4 日。

韩振峰：《社会主义核心价值观的三个基本层次》，《光明日报》2012 年 12 月 8 日。

贺武华：《核心价值观教育：植根传统 回归日常》，《光明日报》2014 年 9 月 1 日。

侯惠勤：《培育践行社会主义核心价值观贵在自觉》，《光明日报》2015 年 2 月 25 日。

黄蓉生、孙楚航：《牢牢把握提炼社会主义核心价值观的基本准则》，《光明日报》2010 年 9 月 28 日。

李崇富：《建设社会主义核心价值体系的哲学思考》，《光明日报》2007 年 1 月 23 日。

李德顺：《关于提炼社会主义核心价值观的几点思考》，《北京日报》2012 年 2 月 21 日。

李建华：《分层次培育社会主义核心价值观》，《光明日报》2013 年 1

月 26 日。

李君如：《着力构建核心价值观》，《人民日报》2011 年 8 月 30 日。

刘建军：《核心价值观统领具体价值规范》，《中国社会科学报》2014 年 12 月。

沈壮海：《核心价值观凝练的思维四结》，《光明日报》2011 年 6 月 13 日。

沈壮海：《把准社会主义核心价值观培育的着力点》，《光明日报》2013 年 1 月 5 日。

史安斌：《"去政治化""去意识形态化"的神话——美国媒体价值观传播的历史脉络与实践经验》，《新闻记者》2016 年 3 月 5 日。

宋善文：《社会主义核心价值观的基本特征》，《光明日报》2012 年 2 月 11 日。

苏令：《核心价值观教育重在知行合一》，《中国教育报》2014 年 3 月 11 日。

田鹏颖：《核心价值观教育如何"入脑入心"》，《光明日报》2014 年 12 月 3 日。

万资姿：《从价值体系建构走向核心价值观凝练》，《光明日报》2012 年 1 月 21 日。

王虎学：《核心价值观究竟该如何凝练》，《光明日报》2012 年 2 月 12 日。

王泽应：《社会主义核心价值观的基本特征》，《光明日报》2007 年 4 月 3 日。

吴潜涛：《积极培育和践行社会主义核心价值观》，《中国教育报》2012 年 12 月 7 日。

吴潜涛：《深刻理解社会主义核心价值观的内涵和意义》，《人民日报》2013 年 5 月 22 日。

徐艳玲：《生活化：核心价值观教育的新命题》，《中国教育报》2015 年 5 月 21 日。

杨明：《国家与公民：凝练社会主义核心价值观的两个维度》，《光明日报》2011 年 4 月 25 日。

　　杨永志：《三个倡导是一面高扬的旗帜》，《光明日报》2012 年 2 月 4 日。

　　杨志平：《找准核心价值观教育路径》，《光明日报》2013 年 2 月 23 日。

后 记

价值的研究一直是学界广泛关注的课题。党的十八大以来，关于社会主义核心价值观的研究成果层出不穷，我有幸先后获立了两个教育部人文社科项目，都是围绕社会主义核心价值观展开讨论的，可以说我的学术生涯是随着对这一命题研究的不断深入而有所进展的。社会主义核心价值观研究是一个极具学术旨趣的课题，站在"两个一百年"的历史交汇期审视这一课题不难发现，中国需要有极具代表性的价值文化在国际社会传播，这既是本土文化"走出去"的历史必然，也是逐渐走向世界舞台中央的一个世界强国的国际责任。因此，社会主义核心价值观的建构与传播关系着国际社会如何看待中国以及中国如何在国际社会标榜自身的价值立场。这也是在研究过程中，我试图跳出社会主义核心价值观培育和践行的研究框架所进行的拓展性探索。既然是一个新的研究领域，就必然会提出一些新的观点，诸如文化建构体系、文化博弈立场、跨文化传播模式等，很大程度上都是本人在前人研究的基础上尝试提出的新论断，难免有不够系统完善之处。一部专著写到如此程度，我既不安于自己没能把一个好的选题做到尽善尽美，同时也对自己能够有机会在一个新领域做出一定探索感到欣慰。正如书中所述，社会主义核心价值观的本土建构与跨文化传播受到诸多因素的影响，如何在实践中挖掘更多大问题、真问题，以及如何实现理论与实践的有效对接，依然需要进一步的探究。文化的视域十分广阔，无论是社会主义核心价值观的建构与传播还是其他领域，都是一个庞大的系统工程，通过文化逻辑展开的除了上述内容还有很多值得深入研究的命题，比如文化自信、文化软实力等核心领域，在本书中未做专门探讨，但也尽量将相应的理论观点融入其中。众所周知，对社会主义核心价值观的文化逻辑进行全面系统的研究需要长时间的钻研与深厚的学术底蕴，且解决面临的实际问题更需要国家的顶层设计与统筹安排，作为一名青年学人，我难以给出解决所有问题的思路、途径，只是尽己所能向更高更远更深的学术领域迈出一步，做一些粗浅的理论探讨，其中会有诸多不完善之处，虽然难以避免但这能督促我在今后的学习研究中孜孜求索。

　　这本书稿是我在博士后出站报告基础上修改而成的。回想起来，进站是一件特别幸运的事，同时我也幸运地遇见了愿意助力我成长的老师们。杨晓慧教授鼎力支持，鼓励我在思教中心完成博士后的研究工作，每当有一点进步时，都给予我莫大的鼓励与赞赏，谢谢杨老师为后辈铺就成长之路。高地教授的接纳、教诲、勉励一直让我在工作之余拥有做研究的动力。还记得连续几个暑假，高老师带着师门小伙伴一起学习研讨，那种精益求精的态度、那份执着钻研的劲头以及解决问题后发自内心的喜悦，全部深深定格在了我的心底。出站报告的选题也是几经更换，老师一次次耐心指导，最终选择从文化视域探究社会主义核心价值观的相关问题，在研究过程中我深切感受到老师开阔的学术视野。在老师眼中，随处都有"钉子"值得琢磨，最终能在老师指导下完成如此高难度的选题，对我而言实乃幸运，也确实通过这一研究过程拓展了学术视野、提升了自身修养。在边工作边做学问的这些日子里，王占仁教授也给予我很多鼓励与指导，任志副教授就课题申报、报告选题给了我很多中肯的意见。在东北师范大学的校园里，有太多人给予我成长的指引、前行的力量。

　　是为记。

曹威威
2022 年 2 月于东北师范大学

图书在版编目（CIP）数据

社会主义核心价值观的文化阐释／曹威威著．-- 北
京：社会科学文献出版社，2022.12（2023.9 重印）
ISBN 978 - 7 - 5228 - 1319 - 6

Ⅰ.①社… Ⅱ.①曹… Ⅲ.①社会主义核心价值观 -
文化传播 - 研究 - 中国 Ⅳ.①D616

中国版本图书馆 CIP 数据核字（2022）第 255180 号

社会主义核心价值观的文化阐释

著　　者／曹威威

出 版 人／冀祥德
责任编辑／岳梦夏
责任印制／王京美

出　　版／社会科学文献出版社·政法传媒分社（010）59367126
　　　　　　地址：北京市北三环中路甲 29 号院华龙大厦　邮编：100029
　　　　　　网址：www.ssap.com.cn
发　　行／社会科学文献出版社（010）59367028
印　　装／唐山玺诚印务有限公司

规　　格／开　本：787mm × 1092mm　1/16
　　　　　　印　张：12.5　字　数：191 千字
版　　次／2022 年 12 月第 1 版　2023 年 9 月第 2 次印刷
书　　号／ISBN 978 - 7 - 5228 - 1319 - 6
定　　价／89.00 元

读者服务电话：4008918866